마음을 곧게 세운 자,
운명조차 그대를 따르리라

이근오 엮음 | 세계철학전집 율곡 이이·신사임당편 | VER. 005

마음을 곧게 세운 자,
운명조차 그대를 따르리라

율곡 이이·신사임당

모티브

사람이 스스로를 속이면 천하를 다 속이게 된다.
자신을 바로 세우면 천하가 저절로 바르게 된다.

「성학집요」

율곡 이이

1536.12.26 - 1584.02.27

프롤로그

━━━━━━━

한 시대의 혼란 속에서도 꿋꿋이 올바른 길을 지키려 했던 사람이 있다. 그는 당파와 이익에 휘둘리던 조선의 현실을 보며, 무엇이 인간을 바로 세우고, 무엇이 나라를 살리는 길인지 고민했다. 그의 이름은 바로 '율곡 이이'다.

율곡 이이의 오늘날까지 알려지는 성학집요, 격몽요결, 동호문답 그리고 그의 어머니인 신사임당의 기록까지.

그들의 글을 읽다 보면, 시대와 때는 다르지만, 지금 당장 나에게 건네는 생생한 조언처럼 느껴졌다. 그는 학문을 추상적 이론이 아니라 삶을 바르게 하는 도구로 여겼고, 또 그에 대한 구체적이고 현명한 대안까지 내놓았다.

이는 직접 실행하고 또 고뇌하지 않는 이상 나올 수 없는 말들이었다.

그중 그가 가장 강조한 것은 마음을 곧게 세우는 일이었다. 현재의 우리는 더 이상 과거와 같은 삶을 살고 있지 않지만, 그의 조언은 오늘날 경쟁과 비교 속에서 괴로워하고, 편리함과 욕망에 마음을 빼앗겨 살고 있는 우리에게 자신을 바로 세우면 언제든 다시 일어설 수 있다는 용기를 주고 있다.

이 책은 율곡의 사상 속에서 우리가 붙잡을 만한 삶의 지혜를 알려주고 있다.

오늘 하루를 어떻게 살아야 하는지, 사람 사이에서

어떤 태도를 가져야 하는지,

   내가 나를 어떻게 다스려야 하는지에 대한 깊고도 단순한 가르침이지만,

   그 가르침이 당신에게 큰 울림을 줄 것이다.

- 엮은이, **이근오** -

차례

프롤로그 007

Chapter. 01 | 신사임당의 가르침

01. 현모양처 016
02. 무엇이든 해내는 사람 021
03. '순종'과 '자기주도' 무엇이 옳은가 025
04. 자기주도적 학습을 하게 만든 교육법 029
05. 질문의 힘 033
06. 말보다 삶으로 보여줘라 037
07. 양인가 질인가 042

Chapter. 02 | 인생은 어떻게 살아야 하는가

01. 근본을 보는 법을 배워라 048
02. 현명하게 사는 16가지 삶의 지혜 053
03. 도심과 인심을 잘 다스려라 059
04. 마음을 정당화하는 행위 063
05. 왜 사소한 다툼으로 원수가 되는가 067

Chapter. 03 성학집요

01. 마음의 수렴에 대하여 074

02. 언어를 수렴하는 것에 대하여 078

03. 스스로를 속이지 않는 마음에 대하여 082

04. 기질 차이에 따라 교정하는 방법에 대하여 087

05. 마음의 중심을 잡는 일에 대하여 091

06. 그릇이 큰 사람에 대하여 095

07. 게으름의 병폐에 대하여 102

08. 소인의 간사함을 분별하는 것에 대하여 107

09. 천하의 일을 다 할 줄 아는 사람 112

10. 시대의 흐름을 아는 자가 뛰어난 인재다 117

11. 일을 시작하는 올바른 방법과 원리에 대하여 120

12. 환난을 예방하는 뜻에 대하여 125

13. 기강을 세워야 함에 대하여 130

Chapter. 04 격몽요결

01. 학문을 왜 배워야 하는가　　136

02. 먼저 뜻을 세워야 하는 이유　　140

03. 배움을 방해하는 8가지 나쁜 습관　　145

04. 몸과 마음을 다스리는 방법　　149

05. 책을 현명하게 읽는 방법　　155

06. 효도는 어떻게 해야 하는가　　160

07. 집안을 바르게 다스리는 법　　165

08. 사람을 대하는 법　　170

09. 바른 마음가짐에 대하여　　175

Chapter. 05 동호문답

01. 군주의 도리	182
02. 조직을 지탱하는 참모의 덕목	189
03. 왜 지식은 넘쳐도 세상은 나아지지 않는가	196
04. 지금 우리는 어떤 시대에 서 있는가	202
05. 삶을 바꾸는 10가지 실천법	211
06. 간신을 가려내고 현자를 쓰는 법	221
07. 명분을 바로 세우는 근본	230

Chapter. 01

신사임당의 가르침

율곡 이이

001

현모양처

　율곡 이이의 철학은 그의 어머니 신사임당의 영향을 깊이 받았는데 실제로 『격몽요결』에 이렇게 적혀 있다. "어머니께서 평소 늘 말씀하시기를, '사람이 학문을 하지 않으면 어찌 사람이라 할 수 있겠는가.' 하셨다.

　내가 어려서부터 이 말씀을 듣고 오늘에 이르기까지 잊지 않았으므로, 감히 어머니의 뜻을 본받아 격몽요결을 지어 세상에 전한다." 율곡은 어머니의 가르침을 마음 깊이 새기고 삶으로 실천한 조선 최고의 학자이기도 하다. 또한 그의 어머니 신사임당은 그런 아들을 길러낸 지혜와 덕성으로 오늘날 흔히 '현모양처'라 불리고 있다. 그러나, 당시 조선시대 여성들에게는 '어진 아내, 훌륭한 어머니'로 살아가는 것이 사회가 요구한 이상적인 역할이었다. 지금이야 '현모양처'라는 말이 '현명한 어머니, 좋은 아내'라는 좋은 뜻으로 보이지만, 당시 여성들에게는 사회적 의무와 규범에 가까웠다. 언제나 완벽해야 하고, 실수를 하면 안 됐으며, 자신보다는 가족을 먼저 생각해야 하는 삶이었다. 그 시대 여성의 입장으로 놓고 보면, 그 무게를 감당하며 사는 것은 그리 달갑지 않았을 것이다. 그런 사회에서 그녀에게는 힘들고 어려운 순간마다 '현모양처는 이래야 한다'라는 무언의 압박이 따라다니지 않았을까 싶다.

그러나, 율곡전서에 신사임당을 표현하길 "신사임당은 어려서부터 경전과 전적을 통달했고, 글을 지을 수 있었으며, 글씨도 잘 썼다. 또 바느질과 자수에도 능했는데, 그 솜씨가 이르지 못하는 바가 없을 만큼 정묘하였다. 거동은 한가롭고 고요했으며, 일을 처리할 때는 안정되었다. 말은 적고 행동은 삼갔으며, 늘 스스로 겸손하였다. 이로 인해 그녀의 아버지는 그녀를 사랑하고 존중하였다. 또한 성품 또한 지극히 효성스러워, 부모가 병이 들면 얼굴빛이 반드시 수심으로 가득하였고, 병이 나으면 비로소 평상시로 돌아갔다. 집안에 시집을 온 뒤, 그녀의 아버지가 집안 어른에게 말하기를, "나는 딸이 많습니다. 다른 딸들은 집을 떠나 시집을 가도 내가 그리워하지 않겠으나, 이 아이만큼은 나를 떠나지 않게 하고 싶습니다."라고 했다." 즉, 겸손하고 말은 적게 하며 현명함을 갖추고 있어 어른들에게나 아이들에게나 조선시대 여성의 상으로서 완벽했다는 것이다.

하지만 신사임당은 그렇게 효녀의 노릇과 자식들에게만 잘하기만 한 것은 아니었다. 율곡전서에 적혀 있길 "신사임당의 평소 그림 솜씨는 매우 뛰어났다. 일곱 살 때부터 안견의 그림을 모방해 산수화를 그렸는데 매우 묘하였다. 또 포도를 그렸는데 세상에서 그에 견줄 만한 이가 없었다. 그녀가 그린 병풍은 널리 전해졌다."라고 되어 있다. 즉, 신사임당은 사람들에게 인정을 받으면서도 자신만의 취미 생활로 세상에 영향을 미치는 방법을 찾았다는 것이다. 이는 "바빠서 아무것도 할 수 없다"라고 하는 사람들에게, 해내고 못 해내고의 차이는 상황이 아니라 '어떻게 하느냐'라는 매우 큰 교훈을 남긴다. 인생은 상황과 환경을 탓한다고 변하지 않는다. 그녀는 이 점을 알았고, 타인의 말과 시선에 굴하지 않고 본인의 일을 해냈다.

그렇다면 우리는 남녀를 떠나 생각해 봐야 한다. 내가 인생을 살아가면서 어떠한 문제를 만났을 때 그것을 할 수 있는 이유를 찾고 있는지, 아니면 할 수 없는 이유를 찾고 있는지를 말이다. 분명, 신사임당의 그림을 처음 본 사람들은 그녀의 그림을 보며 '여자임에도 그림을 잘 그렸구나'라고 말했지, '뛰어난 예술가가 되겠구나'라고 하지는 않았을 것이다. 율곡 이이의 교육도 '현모의 당연한 결과'로 여겨졌을 뿐, 그녀만의 독창적인 교육 철학으로는 인정받지 못했을 것이다. 그럼에도, 그녀가 자신만의 인생을 사는 법을 터득했기에 오늘날까지 '현명한 어머니'의 이미지를 남기지 않았을까 싶다. 이런 신사임당의 소신과 지조, 그리고 옳고 그름을 판단하는 능력은 그 무엇도 그녀를 흔들지 못하게 했다. 이처럼 자신의 소신을 갖고 흔들리지 않는 사람은, 현대에서도 본연의 자기다움을 펼치고, 브랜딩을 만들어 성장해 나가고 있다. 그렇다면 우리가 아직 무언가를 제대로 해내지 못해서 지금의 형편에 불평하고 있다면, 나의 성장을 가로막고 있는 것이 무엇인지 한 번쯤은 생각해 볼 필요가 있다.

"말은 적고 행동은 삼갔으며,
늘 스스로 겸손하였다."

002

무엇이든
해내는 사람

신사임당은 혼인 후, 일반적인 예법과 달리 시댁에 들어가지 않고 오랫동안 친정 강릉 오죽헌에서 지냈다. 남편 이원수는 집안일에 크게 관여하지 않았고, 시댁 역시 딸을 귀하게 여겨 특별히 간섭하지 않았다. 덕분에 신사임당은 친정에서 자녀를 기르며 학문과 예술에 몰두할 수 있었다. 그러나 평생 강릉에서만 머문 것은 아니었다. 남편의 관직 생활과 집안 사정으로 인해 한양의 시댁으로 들어가야 했다. 율곡전서에 적혀 있길

"신사임당은 강릉을 떠나 시댁 한양 수진방에 거주하였다. 당시 시어머니는 연세가 많아 집안일을 살필 수 없었으므로, 신사임당이 맏며느리로서 집안을 맡아 다스렸다. 남편은 호탕한 기질이라 집안 살림을 경영하지 않았기에 생활이 넉넉하지 않았으나, 신사임당은 검소하게 살면서 위로는 시부모를 받들고 아래로는 자녀들을 기르게 하였다. 어떤 일이든 독단하지 않고 반드시 시어머니께 여쭈었다."라고 적혀있다.

이는 그녀가 시어머니를 모시고, 없는 살림에도 집안을 다스렸으며, 아이들까지 훌륭하게 키워냈음에도 자신만의 시간과 공간을 확보했다는 것이다. 이는 조선시대 여성으로서는 드물게 자신만의 정체성과 지적 욕구를 포기하지 않았던 사례로 볼 수 있다. 신사임당이 이렇게까지 완벽하게 해낼 수 있었던 이유는 역설적으로 그녀가 완벽함을 추구하는 사람이 아니었기 때문일지도 모른다. 시댁으로 들어간 신사임당은 현실적인 제약 속에서 지혜롭게 균형을 잡았다. 집안 살림이 넉넉

하지 않았지만 검소함으로 버텼고, 몸 아픈 시어머니를 모시고 있지만, 아이들의 교육과 모든 일은 상의하여 원만한 관계를 유지했다. 즉, 혼자서 완벽하게 해내려고 하기보다는, 자신의 상황에 맞게 잘 활용할 줄 알았던 것이다. 이렇게 보면 오늘날 뭐든 잘해야 튀는 세상에서 우리는 이와 비슷한 해답을 찾아야 한다. 완벽한 사람이 되려 하기보다는, 도움을 요청하는 것을 부끄러워하지 않고, 자신만의 취미와 관심사를 유지하며, 때로는 '굳이 필요하지 않은 것'들을 과감히 포기하는 지혜를 배워야 한다.

오히려, 책임감이 강한 사람들은 '혼자서 다 할 수 없는 일'을 끝까지 붙들고 있다가 정작 나를 지켜야 할 순간을 놓칠 때가 많다. 그래서 완벽하게 모든 일을 해내는 사람보다, 오래도록 지치지 않고 자기 삶을 유지하는 사람이 더 오래가고 행복한 삶을 살 수 있다. 신사임당이 붓을 들고 자연을 그리며 마음을 가다듬었던 시간처럼, 오늘날의 여성 그리고 남성들도 자신을 숨 쉬게 하는 작은 시간을 놓치지 않아야 한다. 그럼, 그 사소한 자기만의 시간이 모여 삶 전체의 균형을 잡아주고, 무너질 듯한 순간에도 다시 설 수 있는 힘이 되어줄 것이다. 그렇게 나다운 삶을 만들어 갈 때, 환경에 얽매이지 않고 더 넓은 시야로 세상을 바라볼 수 있을 것이다.

**"어떤 일이든 독단하지 않고
반드시 시어머니께 여쭈었다."**

'순종'과 '자기주도'
무엇이 옳은가

남이 정해준 길을 따르는 것이 바른 삶일까, 아니면 스스로 길을 개척하는 것이 더 옳을까? '순종'과 '자기주도'는 오래도록 우리를 고민하게 만든 두 가지 선택지다. 순종하는 삶은 큰 결정을 스스로 내리지 않아도 된다는 점에서 마음이 편할 수 있지만, 자기 의견이 없으니, 인생의 깊은 재미를 잃기 쉽다. 반대로 자기주도적인 삶은 원하는 대로 살아갈 자유가 있지만, 홀로 모든 책임을 감당해야 한다는 무게를 견뎌야 한다. 그러나 신사임당의 삶을 들여다보면, 이 두 개념이 꼭 대립적일 필요는 없다는 것을 알 수 있다.

먼저, 순종이 무엇인지부터 생각해 보자. 많은 사람들이 순종을 '남의 말을 무조건 따르는 것'이라고 생각한다. 하지만 신사임당에게 순종은 '더 큰 가치를 위해 작은 것을 내려놓는 것'이었다. 그녀는 개인적인 감정이나 즉각적인 욕구보다는, 가족의 화합과 아이들의 미래를 더 중요하게 여겼다. 그래서 율곡전서에 이렇게 적혀 있다. "시어머니 앞에서는 하인이나 몸종을 꾸짖은 적도 없었다. 언제나 말은 온화하고 얼굴빛은 화평하였다."라고 되어 있다. 순간의 감정으로 자신의 품위와 가족의 평화를 깨트리지 않겠다는 그녀의 현명한 선택이었다. 그렇다면 자기주도는 어떨까? 자기 주도적인 사람이라고 하면 흔히 자신의 의견을 강하게 주장하고 남의 간섭을 거부하는 모습을 떠올린다.

그러나 신사임당의 자기 주도는 조금 달랐다. 그녀는

해야 할 일과 하지 말아야 할 일을 스스로 분별했고, 남편이 집을 비워도 원망하지 않았으며, 아이들을 억지로 가르치지 않은 것도 모두 그녀 나름의 기준에서 비롯된 선택이었다. 신사임당에게 순종과 자기 주도는 서로 충돌하는 가치가 아니라, 하나로 이어진 '내적 일관성'이었다. 예를 들어, 시어머니를 모시는 일에서는 철저히 순종했지만, 옳지 못한 일을 하면 그것에 대해 타일렀다.『율곡전서』에는 "신사임당은 남편이 실수하면 반드시 바르게 권면하였고, 자녀가 잘못하면 타일렀으며, 집안 하인이 죄를 범하면 꾸짖었다. 그래서 집안 사람들 모두가 그를 공경하고 따랐다."고 기록되어 있다. 이처럼 그녀에게 순종과 자기 주도는 외부의 강요가 아니라 스스로 선택한 삶의 태도였다.

순종이 단순히 복종이 아니라 지혜로운 선택이 될 수 있었던 것은, 그녀가 언제 물러서야 하고 언제 나서야 하는지를 아는 '분별력'을 가졌기 때문이다. 바로 이런 분별력이, 강한 사람을 만든다. 보통 사람은 침묵은 약한 자가 하는 것으로 여기지만, 신사임당은 침묵을 무기로 삼았다. 또 약한 사람은 자신을 낮추는 걸 수치로 여기지만, 신사임당은 품격으로 삼아 자신을 낮추었다. 결국 강한 사람은 어떤 상황이 닥쳐와도 그것을 자신에게 맞게 해석하고 선택한다. 신사임당처럼 상황을 정확히 판단하고 자신의 가치관에 따라 움직이는 사람은 바로 그런 강한 사람이다. 우리가 그녀에게서 배울 수 있는 것은, 그녀처럼 객관적이고 확실한 기준을 가질 수 있다면, 세상이 아무리 변해도 자신의 가치는 무너지지 않는다는 것이다. 그러니, 자신의 기준을 먼저 바로 세워 보길 바란다.

"언제나 말은 온화하고 얼굴빛은 화평하였다."

자기주도적 학습을
하게 만든 교육법

　율곡 이이가 남긴 기록 중에 이런 내용이 있다. "어머니는 자녀를 가르침에 의로써 바른길을 인도하고, 가르침에 게으름이 없었으며, 비록 잘못이 있더라도, 성급히 말하지 않고도 반드시 이치로써 깨우쳐 주었다." 조선시대 교육이 엄격한 훈육을 기본으로 했던 점을 생각하면, 이는 상당히 파격적인 증언이다. 그녀는 크게 꾸짖지 않고도 조선 최고의 학자인 율곡 이이를 키워낼 수 있었으니 말이다. 그녀가 그렇게 할 수 있었던 이유는 아이의 행동 하나하나를 세심하게 관찰했고, 그 이면에 있는 마음을 읽으려 노력했기 때문이다.「행장」에 보면 "어머니 신 씨가 일찍부터 율곡을 가르쳤다. 다섯 살에 이미 글을 깨우쳤고, 여덟 살에『소학』을 읽고, 열 살에는『대학』과『논어』를 공부하였다."라고 되어 있다.

신사임당이 자녀를 가르칠 때, 억지로 강요하기보다 아이의 성향을 살펴 지도했다고 전해진다. 예를 들어『소학』을 읽을 때 아이가 흥미를 보이면 더 깊이 가르치고, 흥미를 잃으면 잠시 멈추었다 하는 식으로, 억지로 시키지 않고 아이의 기호를 존중했다고 한다. 이렇게 아이의 재능과 관심에 맞게 교육한 것이다. 그러나 앞에서 신사임당이 "남편이 실수하면 반드시 바르게 권면하고, 자녀가 잘못하면 타일렀으며, 집안 하인이 죄를 범하면 꾸짖었다."라는 기록을 보면 그녀는 자신만의 분명한 원칙을 가지고 있다는 것을 볼 수 있다. 다만, 그녀는 자신만의 원칙을 강요하지 않고, 일상 속에서 자연스럽게 체득할 수 있도록 도와준 것이다. 이러한 교육은 율곡으로 하여금 자기 주도적 학습 능력을 기르게 했다.

어머니의 강요나 감시가 없어도 스스로 공부하고, 자신의 생각을 독립적으로 발전시킬 수 있는 능력을 갖추게 된 것이다. "일곱 살에 이미 글의 이치를 터득하여 「진복창」을 지었다."는 기록이 이를 증명한다. 이는 강요된 학습이 아니라 자발적 흥미에서 비롯된 결과다. 현대의 부모들도 이 지혜를 되새길 필요가 있다. 시대가 지났음에도 아직도 우리는 주입식 공부와 더 많은 것을 가르치려고만 한다. 좋은 것이라면 마음이 앞서 "다 너에게 도움되는 것들이야."라는 말로, 자녀가 원치 않더라도 해주기에 급급하다. 정작 중요한 것은 스스로 사고하고 선택할 수 있는 힘을 길러주는 일인지도 모른 채 말이다. 해답을 주기보다 질문을 던져주는 태도는 아이들이 자기 삶의 주인으로 성장할 수 있는 기초가 된다. 현대의 교육은 여전히 성적이나 결과에 집중하며 실수를 두려워하게 만들지만, 진정한 배움은 실패를 통해 더욱 깊어진다. 그 실패를 하려면 아이의 속도와 방향을 믿고 기다려주는 인내, 개별성을 존중하며 관찰하는 관심, 그리고 선택의 결과를 스스로 감당하게 하는 책임 교육이 필요하다. 그리고 가장 중요한 것은 아이가 '배우고자 하는 마음'을 잃지 않도록 돕는 것이 교육의 본질임을 기억해야 한다는 것이다.

**"가르침에 게으름이 없었으며,
비록 잘못이 있더라도, 성급히 말하지 않고도
반드시 이치로써 깨우쳐 주었다."**

/ 005

질문의 힘

조선 최고의 학자로 손꼽히는 율곡 이이. 그의 깊은 사고력과 분별 있는 판단력은 타고난 재능에서 비롯된 것이 아니었다. 그 밑바탕에는 어릴 적부터 그의 사고를 일깨워준, 어머니 신사임당의 질문하는 교육에 있다. 일화에 따르면, 신사임당은 어린 율곡 이이가 글을 읽다 막힐 때마다 답을 먼저 알려주지 않고, "이 글에서 말하려는 뜻이 무엇이겠느냐?"라고 물었다고 한다. 당시 아이들은, 윗사람의 말을 그대로 암기하고 따르는 것을 미덕이라 여겼던 걸 생각하면, 신사임당의 교육법은 시대의 흐름과는 확연히 다르다는 것을 볼 수 있다. 그녀가 바로 답을 알려주기보다 질문한 이유는 '아들이 무엇을 외우고 있는지'를 보기보다, '어떤 생각을 하고 있는지'를 더 중요하게 여겼기 때문이다. 그러한 그녀의 태도가 율곡 이이를 생각하는 사람으로 만들었다.

그는 선조 초에 「동호문답」과 「성학집요」를 적어 국정 개혁 방향을 제시하였는데, 특히 「동호문답」은 서로 대화를 주고받는 형식의 글이었다. 이는 대화를 통해 임금에게 질문을 건네고, 근거를 밝히고, 선택의 결과를 보여주어 스스로 결론에 이르게 하는 문답체였다. 또한 그는 현재 "나라를 지키기 위한 준비는 충분한가?"라는 질문 끝에 '10만 명의 상비군을 양성'해야 한다고 주장하는 이론인 「십만양병설」을 제시했다. 당시에는 '과도한 주장'이라며 외면당했지만, 불과 몇 년 후 임진왜란이 터지며 그의 예견은 현실이 되기도 했다. 이처럼 질문은 때때로 답보다 더 깊은 힘을 가진다. 그래서 질문하는 아이에게 '이래서 그렇다'고 말하는 대신, '너는 어떻게 생각하니?'라고 되묻는 태도가, 아이로 하여금 생각하는 힘을 길러주고, 자신의 주관을 이야기할 줄 아는 자존감 높은 어른으로 성장하도록 만들어 준다. 아이뿐만 아니라, 우리가 인생을 살아가면서 모든 것을 당연하듯 바라보기보다는 "왜 이것이 나에게 필요한지", "왜 내가 이것을 해야 하는지" 질문을 던지는 태도는, 아이로 하여금 삶을 주체적으로 살아가게 해준다.

질문은 바쁜 사회에서 우리를 잠깐 멈추게 하지만, 자신만의 확고한 가치관을 만들어 더 현명한 사람으로 만들어준다. 예컨대, 삶의 가치는 얼마나 많은 답을 알고 있느냐가 아니라, 얼마나 좋은 질문을 던지며 살아가느냐가 아닐까 싶다. 답은 항상 옳기만 한 게 아니다. 옳은 답일지라도 때에 따라 극단적인 결론을 만들 수 있다. 예를 들어, '잘못한 사람은 반드시 벌을 받아야 한다'는 답은 원칙적으로 옳다. 하지만 상황을 살피지 않고 무조건 적용한다면 작은 실수에도 극단적인 처벌로 이어질 수 있다. 오히려 "이 잘못을 어떻게 하면 다시는 반복하지 않을 수 있을까?"라는 질문을 던질 때, 더 나은 해결책이 나온다. 이처럼 정해진 답이 항상 옳은 것은 아니다. 그에 맞는 올바른 질문을 할 줄 아는 사람이, 언제나 답을 많이 아는 사람보다 더 나은 답을 찾을 수 있을 것이다.

**"아이에게 정답을 주기보다 생각할 여지를 남겨주어라.
질문하는 힘이 곧 살아가는 힘이 된다."**

006

말보다
삶으로 보여줘라

신사임당이 정말 대단했던 것 중 하나가 말과 행동이 같았다는 것이다. 이는 광해군 때 출판된 『동계만록』에 기록된 신사임당과 남편 이원수와의 대화에서 잘 드러나는데, 죽음을 앞둔 신사임당이 남편에게 이렇게 말했다.

"내가 죽은 뒤에 당신은 다시 장가를 들지 마시오. 우리에게 이미 아들 넷, 딸 셋, 7남매의 자녀가 있는데, 무슨 연유로 또 자식을 두어 '예기(유교 경전)'에 실린 도리를 어기시렵니까?"

하지만 남편 이원수는 그 말을 듣고 쉽게 수긍하지 못했다. 그는 한 가지 사례를 언급하며 말했다.

"하지만 공자도 아내를 내보내지 않았소? 성인의 행동을 따른다고 해서 그릇된 일이 되겠소?"

남편의 말은 당시 일부 유학자들 사이에서 회자되던 '공자가 아내를 버렸다'는 해석을 바탕으로 한 것이었다. 그러자, 신사임당은 그 해석이 정확하지 않다는 사실을 분명히 알고 있었다. 그녀는 남편을 바라보며 조용하고 단호히 말했다.

"공자가 아내를 내쫓았다는 기록은 없습니다. 그 일은 이러합니다. 공자께서 나라의 어지러움을 피해 제나라 이계로 피란하셨지요. 그런데 그의 부인은 공자와 함께 가지 않고, 송나라로 따로 떠났습니다. 공자는 이후 그 부인과 다시 동거하지 않았을 뿐이지, 직접 내친 일은 없습니다. 공자의 뜻은 그 부인이 예에 어긋난 행동을 했기에 다시 함께하지 않았다는 데 있었을 뿐, 그녀를 내쫓아 인연을 끊었다는 식의 결정은 내리지 않으셨습니다."

그러자, 남편이 다시 물었다.

"그렇다면 증자의 경우는 어떻습니까? 그는 부인을 직접 쫓아냈다고 들었소."

신사임당은 고개를 끄덕이며, 오히려 더 자세한 설명을 덧붙였다.

"맞습니다. 증자의 부친이 찐 배를 유독 좋아하셨는데, 그 부인이 배를 잘못 쪘습니다. 이는 부모를 제대로 봉양하지 못한 중대한 예의 어김이었고, 결국 증자는 부득이하게 부인을 내보낼 수밖에 없었습니다. 그러나 증자 역시, 혼인한 예(禮)를 존중하여 다시는 장가들지 않았습니다. 그가 중시한 것은 감정이 아니라 도리였고, 단지 사람을 내쳤기 때문이 아니라, 예의와 책임을 깊이 생각했기 때문이지요."

그녀는 또 한 사람의 예를 들었다.

"주자도 마찬가지입니다. 그는 47세에 부인이 세상을 떠났고, 그때 장남이 아직 장가들지 않은 어린 나이였습니다. 살림을 도울 사람이 아무도 없는 상황에서도, 주자는 끝내 다시 장가들지 않았습니다. 그는 가정의 불편함보다도, 일생의 도리를 더 중요하게 여긴 것이지요."

신사임당은 이처럼 정확한 사실을 기억하고 어떻게든 그것을 지키려 했으며, 그녀에게 지식은 삶 속에서 실천되어야 할 원칙이자 책임이었다. 그래서 그녀는 어른을 공경해야 한다고 말만 하기보다는, 시어머니에게 한 번도 말대꾸하지 않았고, 남을 배려해야 한다고 설교하기보다는, 하인들에게도 따뜻하게 대하는 모습을 보였다. 이렇게 말과 삶이 다르지 않았기에, 모두가 그녀를 공경하고 그녀의 말에 따를 수밖에 없었던 것이다. 오늘날 우리 역시 아이들에게 무엇을 가르칠지 고민하기보다, 내가 어떤 모습을 보이고 있는지를 먼저 돌아보아야 한다. 겸손을 말하기 전에 겸손하게 살고, 예의를 말하기 전에 예의에 어긋난 행동을 하지는 않는지 살펴봐야 한다는 것이다.

아이들은 부모의 모습을 보고 닮아간다고 한다. 신사

임당 어머니의 글이 담긴 「이씨감천기」에 이런 글이 적혀있다. "부부의 정이 두텁지 않은 것이 아니었으나, 어버이를 모시기 위하여 16년이나 떨어져 사셨고, 진사(신사임당의 아버지)께서 질병이 나셨을 적에는 마침내 지극한 정성으로 빌어 하늘을 감동하게 했다." 이 구절은 신사임당의 어머니에 대한 것이지만, 신사임당이 이런 어머니의 삶을 지켜보며 자랐기에, 자신의 어머니와 똑같이 생활하는 것을 볼 수 있다. 또한 율곡 이이를 기록한 「행장」에 보면, 신사임당이 상을 당했을 때 이이가 너무 슬퍼하여 "눈물이 마르지 않았고, 그 뒤에도 오래도록 어머니를 그리워하며 매일 제사에 정성을 다했다."라는 기록이 있다. 그렇다면, 지금 우리에게 필요한 것은 더 많은 정보가 아니라, 말과 행동이 일치하는 삶의 본보기일지도 모른다. 훌륭한 교육을 하고 싶다면 먼저 나의 모습이 어떤지 되돌아보자. 말은 삶 속에서 증명될 때 비로소 힘이 생기니까 말이다.

"가르침은 말보다 삶에서 힘을 얻는다."

양인가
질인가

 가끔 대화하다 보면, 묻는 말에 곧장 대답하지 않고 자기 상황부터 늘어놓는 사람이 있다. 예를 들어 "작업 다 했어?"라는 물음에 "잠깐 누가 불러서 갔다 왔습니다."라고 답하고, "오늘 보고서 제출했어?"라는 물음에는 "자료를 더 찾아보고 있었습니다."라고 말하는 경우다. 이렇게 말하는 사람들 대부분은 못 했다는 대답을 한 건데 뭐가 잘못된 거냐고 생각한다. 하지만 여기서는 했는지 안 했는지에 대한 물음이기 때문에 "아직 못했습니다"라고 말하고 그 상황을 설명하는 것이 맞다. 이렇게 묻는 말에 둘러대는 대답을 하는 이유는 '못 했다'고 말하면, 자신이 게으르거나 무책임해 보일까 봐 노력했다는 점을 강조하려는 것이다. 그러나 이런 태도는 상대방으로 하여금 답답함을 느끼게 하고, 오히려 신뢰를 잃게 한다. 신뢰는 설명한다고 생기는 것이 아니라, 확실함 속에서 생긴다. 이를 잘 보여주는 인물이 신사임당이다. 이런 일화가 있다. 어느 날 친척들이 모여 잔치를 벌였을 때, 다른 여인들이 담소를 나누며 떠들썩했지만, 신사임당은 잠자코 앉아 있었다.

이를 본 홍씨가 "새색시는 어찌 말을 하지 않는가?"라고 묻자, 그는 무릎을 꿇고 "여자는 문밖을 나가지 않으니 아는 것이 없습니다. 무슨 말을 할 수 있겠습니까."라고 답했다. 그러자 자리에 있던 사람들이 모두 부끄러워했다고 한다. 신사임당의 대답도 자신의 상황을 설명한 거라 생각될 수도 있지만, 당시 조선 사회에서 여성에게 요구되던 덕목은, 아는 체하지 않고, 말수를 줄이며, 내조에 힘쓰는 것이었다. 이것을 생각해 보면, 사회적 규범을 지혜롭게 따른 확실하고도 현명한 대답이다. 그녀는 말을 길게 하지 않았지만, 그 절제된 한마디가 오히려 강한 울림을 남겼던 것이다.

만약 자신이 누군가의 물음에 자신의 설명부터 앞세우는 습관을 갖고 있다면, 신사임당처럼 말을 많이 하지 않고도 확실한 대답을 하는 태도를 배울 필요가 있다. 불필요한 변명이나 장황한 설명은 중요하지 않다. 인간관계에서 '오래 알고 지낸 것보다 얼마나 깊은 관계인지'가 중요하듯, 말도 내가 '얼마나 많은 말을 했느냐'가 아니라, 얼마나 '근거 있고 타당한 말을 했는지'가 중요하다. 즉, 양보다 질이라는 것이다. 괜히 상황을 둘러대기보다 솔직하게 "아직 못했습니다"라고 말하는 것이 더 용기 있고, 상대의 마음을 편안하게 만들어 줄 것이다. 결국 신뢰를 얻는 사람은 말이 많은 사람이 아니라, 책임 있는 대답을 건네는 사람이다. 이 점을 명심하고, 늘 솔직하고 확실한 대답을 하려는 사람이 되어

보자.

"여자는 문밖을 나가지 않으니 아는 것이 없습니다.
무슨 말을 할 수 있겠습니까."

Chapter. 02

인생은
어떻게 살아야 하는가

율곡 이이

001

근본을 보는 법을 배워라

 율곡 이이는 이런 말을 했다. "하늘을 올려다보면 끝없이 넓고 깊은 세상이 있고, 땅을 내려다보면 아주 크고 무거운 세상이 있다. 이 세상은 아주 오래전 아무것도 없는 빈 곳에서 시작됐다. 그곳엔 소리도 없고 냄새도 없고 모양도 없는 마치 안개 속처럼 흐릿한 혼돈이 있었다. 그 혼돈 속에서 하나가 생겨나고 그 하나가 둘을 만들고 둘이 다시 넷을 만들며 이렇게 점점 나뉘면서 세상이 변하기 시작했다. 낮과 밤이 생기고 해와 달이 서로 비추며 봄 여름 가을 겨울이 차례대로 오갔다. 세상 모든 생명은 저마다 하늘과 땅의 기운을 받아 태어났다. 모양과 성질은 달라도 그 뿌리는 모두 같다. 그래서 풀 나무 짐승 사람 전부 한 가족 같은 것이다. 옛날의 현명한 왕들은 이 세상 이치를 깨닫고 사람들이 서로 사랑하고 도우며 살도록 가르쳤다. 사랑은 먼 곳에서부터가 아니라 가장 가까운 가족에게서부터 시작해야 한다. 부모님을 공경하고 어른을 존경하는 마음은 온 나라와 세상에 퍼져 나간다. 그런데 세상을 잘못 보는 사람들도 있다. 어떤 사람은 큰 것만 보고 작은 일은 무시하고, 어떤 사람은 작은 일만 보다가 큰 뜻을 놓쳐 버린다. 또 어떤 사람은 자기편만 챙기고, 모르는 사람은 무시해 버리기도 한다. 그건 바른길이 아니다. 우리는 옛 성인의 가르침을 본받아 겉으로 보이는 일뿐만 아니라 숨은 뜻과 깊은 이치까지 생각해야 한다. 겉으로 드러나는 '작용'은 크지만, '근본'은 은밀하고 보이지 않는다. 그 은밀함을 깨닫고 실천으로 옮기는 것이 어렵지만 중요하다. 아무리 어려워도 마음에 새기고 조금씩 실천하다 보면 나도, 그리고 세상도 더 좋아질 것이다." 쉽게 말해서 우주의 모든 원리는 하나에서 시작됐지만, 그 하나가 사물과 현상 속에서 다양하게 드러난다는 것이다. 그래서, 하나만 보고 믿기보다 근본과 차이를 함께 보고, 가까운 곳부터 올바르고 바른 마음으로 대하며, 균형 있는 시각으로 세상을 바라보아야 한다는 말이다.

율곡 이이가 말한 위 글은 성리학적 사상인데 이 관점에서 보면, 우리는 세상을 좀 더 따뜻하게 바라볼 수 있게 된다. 효도와 공경은 가정에서 시작되는데 가정에서 잘하면 이웃과 나라로 퍼지고, 마침내 천하에 미치게 된다. 이 이론대로라면 가정에서부터 잘하면 세상 또한 밝아지게 되어 있다. 그러나, 세상에는 이런 이치를 편협하게 보는 사람이 많다. 어떤 이는 옳고 그름보다 차이에만 집착하고, 어떤 이는 자신의 것밖에 보지 못해서 세세한 질서를 부정하기 때문이다. 이처럼 사람은 본질적으로 같아도 서로 다른 각기 고유의 특성을 갖고 있기 때문에, 그 균형을 볼 줄 아는 눈을 가진 사람이 험난한 세상을 잘 살아갈 수가 있다. 율곡 이이가 말했듯, 겉으로 드러나는 작용은 크고도 분명하지만, 그 근본은 은밀하여 눈에 잘 보이지 않는 것이 세상의 이치다. 그래서 이 은밀함 속에 숨은 근본을 깨닫고 볼 줄 아는 지혜를 가진 사람이 잘 살아갈 수 있다.

예를 들어 지혜로운 사장은 혼자서는 아무것도 할 수 없다는 걸 알기에 직원을 소중히 대하고, 지혜로운 직원은 자신의 태도와 성과에 따라 자신의 미래와 보상이 달라진다는 걸 알기에 열심히 하는 것처럼 말이다. 가족도 이와 같다. 한 가족 안에서도 성격과 재능은 다르지만, 서로를 아끼고 사랑하는 마음은 다 같다. 사회 또한 마찬가지다. 직업, 배경, 생각은 달라도, 사람답게 살고자 하는 근본적인 마음은 같다. 이렇게 근본을 보고 그것에 맞게 세상을 살아갈 줄 아는 사람은 현명하게 살 수 있다는 것이다. 그러나 우리는 조금 다르다는 이유로 등을 돌릴 때가 더 많다. 의견이 맞지 않으면 멀어지고, 보여지는 것이 다르면 무시하기도 한다. 그래서 이런 적이 많다면 더욱 근본을 보는 마음을 가질 줄 알아야 한다. 연예인도, 부자도, 가난한 사람도 다 사람이기에 그 사실을 알고 대한다면 짐승이 아닌 이상 그에 맞는 대우가 돌아오기 때문이다. 그러니, 가장 먼저 근본을 보는 눈을 길러보길 바란다. 이를 알기 전보다 몇 배는 더 인생이 쉬워질 것이다.

**"겉으로 드러나는 '작용'은 크지만,
'근본'은 은밀하고 보이지 않는다."**

002

현명하게 사는
16가지 삶의 지혜

 율곡 이이는 훌륭한 어머니인 신사임당을 두었지만, 조선의 정치와 사회가 어지럽던 시절에 태어났다. 이런 환경에서 자란 그는, 사람은 누구나 각자만의 재능을 부여받았지만, 스승의 도리가 끊어지고 사회의 교육이 바르게 이루어지지 않아서 그 본성을 깨우치고 펼칠 수 없다고 생각했다. 그래서 지난날의 잘못된 풍습을 없애고, 선비들의 잘못된 생각을 바꾸기 위해 성현의 가르침을 본받아 〈학교모범〉이라는 책을 만들었다.

거기서 오늘날 우리가 배워야 할 16가지 지혜를 엿보게 되었는데 그 조항은 이러하다.

1. **뜻을 세워라.**

   배우는 자는 먼저 뜻을 세워 올바른 이치로써 자신의 임무를 삼아야 한다.

   망설이거나 기다릴 것도 없으며, 더 이상 두려워하거나, 머뭇거릴 필요도 없다.

   또한, 물러서서 스스로 앞길에 한계선을 긋는 생각이나, 우선 편안한 것을 바라서

   스스로 용서하는 버릇은 털끝만큼이라도 가슴속에 생겨나지 못하게 해야 한다.

2. **몸가짐을 바로 해라.**

   배우는 자는 몸가짐을 단정히 해야 한다.

   평소에 일찍 일어나고, 옷차림은 단정하게, 용모는 품위 있게,

   보고 들음은 단정하게, 생활은 공손하게, 걸음걸이는 똑바르게, 음식은 절제 있게,

   글씨는 조심성 있게, 책상은 가지런하게, 서재는 깨끗하게 해야

한다.

또한 예(禮) 아니면 보지 말고 예 아니면 듣지 말고, 예 아니면 말하지 말고,

예 아니면 행동하지 말 것이다.

3. 책은 깊이 읽어라.

책은 많이 읽는 데 있지 않고 깊이 깨닫는 데 있다.

성인의 글만을 가까이 하고, 무익한 글은 멀리하라.

4. 말을 삼가라.

언어는 사람의 허물을 드러낸다. 말은 정성스럽고 믿음직스럽게 하라.

남의 허물이나 시대의 정치를 함부로 논하지 말라.

5. 마음을 지켜라.

한순간의 생각에도 선악을 살피고, 선은 기르고 악은 끊어라.

마음을 지켜야 본성이 흐려지지 않는다.

6. 부모를 섬겨라.

효는 모든 행실의 근본이며, 불효는 수많은 잘못 중에서도 가장 큰 죄다.

부모를 공경하고 봉양하며, 잘못이 있으면 정성으로 바로잡아

야 한다.

7. **스승을 존경하라.**

   임금과 스승과 아버지는 같은 도덕적 책임과 역할을 지녔으니 섬김에 마음을 다하라.

   그러나 스승의 말씀은 의리로 분별하되, 맹목적으로 따르지도 말라.

8. **좋은 벗을 두어라.**

   좋은 벗은 서로 잘못을 고쳐주고 선한 길로 이끌어 준다.

   말과 기운만 숭상하는 자, 놀기만 좋아하는 자는 벗으로 삼지 말라.

9. **집안을 바로 세워라.**

   형제는 한 몸같이, 부부는 예의로, 자녀는 바른 도리로 가르치라.

   집안의 다스림이 곧 도의 시작이다.

10. **사람을 예로 대하라.**

    어른을 섬기고 어린이를 사랑하라.

    항상 남을 이롭게 할 생각을 두고, 남을 해치는 뜻은 털끝만큼도 품지 말라.

11. 시험에 뜻을 빼앗기지 말라.

과거는 출세의 길일 뿐, 본질은 아니다.

과거 공부도 일상 공부의 한 부분일 뿐, 지조를 잃어서는 안 된다.

12. 의를 따르고 이를 버려라.

의(마땅히 해야 할 바)와 이(자신의 이익)를

밝게 분별하는 것보다 더 급한 것이 없다.

의란 마땅히 해야 할 바이지, 무엇을 위해서 하는 것이 아니다.

조금이라도 그것에 목적이 있다면 다 이를 위하는 도둑의 무리이다.

선행조차 명예를 구하면 탐욕이라는 말이다.

13. 절개를 지켜라.

사람이 반드시 온순하고 공손하며 화평하고 순수하여

근본이 깊고 두터워진 뒤에야 제대로 정의를 세워 큰 절개에 닿아야 자기 뜻을 빼앗기지 않을 수 있는 것이다.

겉만 강하거나 부드러운 체하지 말고, 근본을 두텁게 쌓아 절개를 지켜라.

14. 공경을 돈독히 하라.

공경이 없으면 학문은 빈말이다.

눈 한번 깜빡일 때도 본마음을 지키고, 죽을 때까지 힘쓰라.

15. 학교에서 자신을 단련하라.

학교에 있을 때는 모든 행실을 학령에 따라야 한다.

토론은 시야를 넓히고, 질문은 겸손하게 예의를 갖추어라.

16. 함께 읽고 토론하라.

모여 함께 읽고 토론하며, 실질의 공부로 서로 권면하라.

공부는 형식이 아니라, 덕을 밝히고 삶에 실천하는 데 있다.

"예(禮) 아니면 보지 말고, 예 아니면 듣지 말고.
예 아니면 말하지 말고,
예 아니면 행동하지 말 것이다."

003

도심과 인심을
잘 다스려라

　율곡 이이는 사람의 마음을 깊이 탐구하였는데, 사람의 마음을 크게 두 갈래로 나누어 설명했다. 하나는 "양심"을 따르는 도심(道心)이고, 다른 하나는 "욕구"를 따르는 인심(人心)이었다. 그는 이에 대해 설명하길 "사람에게는 갖고 있는 '본성'이 있다. 이 본성이 마음속에 자리 잡고, 사물에 반응하여 밖으로 드러나는 것이 '감정'이다. 마음은 '본성'과 '감정'을 함께 거느린 주체이며, 본성은 사랑(인), 옳음(의), 예절(예), 지혜(지), 믿음

(신) 다섯 덕으로 갖추어져 있고, 감정은 기쁨 노여움 슬픔 두려움 사랑 미움 욕망의 일곱 가지로 드러난다. 감정이 욕심보다 옳음을 따라 드러날 때, 그것이 곧 도심(양심)인데, 그것에는 부모에게 효도하려는 마음, 임금에게 충성하려는 마음, 어린아이가 우물에 빠지는 것을 보면 불쌍히 여기는 마음, 종묘 앞에서 저절로 공경하는 마음 같은 것들이다. 이것이 곧 도심(양심)이다. 반면에 배고프면 먹고 싶고, 추우면 옷 입고 싶고, 힘들면 쉬고 싶고, 혈기가 왕성하면 여인을 생각하는 마음은 인심(욕구)이다. 도심은 순수한 마음이므로 선만 있고 악이 없지만, 인심(욕구)은 사람의 욕심이 섞여 있으므로 선도 있고 악도 있다. 먹고 입는 것은 현명한 사람도 피할 수 없어, 그것이 지나쳐 탐욕이 많아지면 사람의 욕심이 되고, 곧 악으로 변하는 것이다. 마음의 공부란, 바로 여기에서 시작된다. 한 가지 생각이 들 때, 그것이 양심이라면 더 확충시켜야 하고, 욕구라면 반드시 양심으로 절제하여 바르게 이끌어야 한다. 그렇게 해야 본능이 항상 양심의 지도를 받게 되면, 욕심조차 양심

의 뜻을 따라 선으로 나아가게 된다. 즉, 마음이 올바르게 드러나면 착한 싹이 되고, 잘못된 방향으로 흐르면 욕심이 된다. 그러므로 욕심과 양심을 딱 갈라놓을 것이 아니라, 언제나 마음을 살펴 선은 키우고 악은 다스려야 한다."

율곡은 이 글에서 인간의 본성 안에 있는 욕구를 인정하면서도, 그것이 바른 길로 나아가도록 다스려야 한다고 말했다. 이는 현대에서 정말 많이 본받아야 할 마음을 다스리는 방법이다. 많은 사람들이 "난 원래 그런데?" "난 솔직한 사람인데?"라며 자신이 하는 말이 타인에게 어떻게 들리는지, 또 어떻게 보이는지 생각하지 않고 자신의 감정에 따라 사람을 대한다. 이렇게 말하는 것은 옳음보다 자신의 욕심에 따라 말을 내뱉는 것이다. 내 마음이 좀 더 변하고자 하는 욕심, 내가 꼴 보기 싫은 것을 보지 않으려는 마음 이런 것들은 자신이 원하는 대로 하고 싶은 욕심이다. 율곡 이이가 말했듯, 감정은 욕심이 아니라, 옳음을 따라 마음을 다스려야 한다. 미워하는 마음, 갖고 싶은 마음, 자신이 편하고 싶은 마음에 하는 말과 행동은 타인에게 상처를 입히고, 괴롭게 하는 '인심'이다. 그렇기에 우리는 이 점을 명심하고 욕심을 내려놓고 선은 키우고 악을 다스려야 한다. 그렇게 한다면 괜히 다툼을 일으킬 일도 없을 것이며, 소중한 사람의 마음도 잃지 않을 수 있을 것이다.

**"마음이 올바르게 드러나면 착한 싹이 되고,
잘못된 방향으로 흐르면 욕심이 된다."**

마음을 정당화하는 행위

율곡 이이는 말했다. "사람의 성품은 원래 누구나 선하지만, 각자가 타고난 성격과 환경에 따라 드러나는 모습이 다르다. 그래서 기질(타고난 성격·체질) 역시 성품의 일부라고 할 수 있다. 기질은 그릇과 같고, 성품은 물과 같다. 깨끗한 그릇에 맑은 물을 담은 것은 성인(완성된 인격자)에 비유할 수 있고, 그릇 속에 모래나 흙이 섞인 것은 보통 사람이며, 온통 진흙뿐인 그릇은 가장 수준이 낮은 사람이다. 성인은 감정이 드러날 때 바른 이치에 맞게 나타나고, 군자(바른 인격을 닦은 사람)는 감정은 잘못 드러날 수 있어도 뜻은 어긋나지 않는다. 그러나 보통 사람은 감정도, 뜻도 맞을 때도 있고 어긋날 때도 있다. 그렇다고 감정은 원래 악이 없다고 해서 그대로 따르게 하면, 실패할 수밖에 없다. 설날에 내가 강릉 부사 김문길과 측은지정(불쌍히 여기는 마음)을 이야기했다. 김문길이 물었다. "도적이 사형당하는 것을 보고도 측은한 마음이 생기면, 이것도 감정에 치우치지 않고 도리에 맞게 불쌍히 여기는 마음이라고 할 수 있는가?" 내가 대답했다. "도적의 죄는 죄대로 미워하면서, 그 생명이 꺾이는 것은 불쌍히 여기는 것, 이것이 바로 천지가 만물을 길러내는 마음이다. 어찌 측은지정이 아니겠는가? 우 임금이 수레에서 내려 죄인을 보고 울었던 것도 바로 이것이다. 그리고 배우는 자는 무엇보다 자기 몸과 마음 가까이에서 생각하고 힘써 실천하는 것을 우선해야지, 갑자기 천명 같은 추상적인 것부터 말해서는 안 된다."

이 말에서 율곡 이이가 말하고 싶었던 건, 뭐가 옳고 그른지를 따지기 전에 그것이 자신을 정당화하기 위한 마음인지 먼저 되돌아보아야 한다는 것이다. 자기주장이 강한 사람들을 보면 자신의 감정에 치우쳐서 자기가 옳다는 것을 증명하기 위해 여기저기 극단적인 예시를 말하는 사람이 있다. 이는 옳고 그름을 따지는 거 같지만, 그저 극단적인 타인의 사례를 들고 거들먹거리는 것과 같다. 사람이 변하려면 타인을 보는 것이 아닌, 자신을 보아야 한다. 나와 아무리 같은 상황이라 해도, 사람의 타고난 환경과 성격은 다를 수밖에 없기 때문이다. 그런데 당장 보이는 것만 보고 말하는 사람은 수준이 낮은 사람이다. 이처럼 시야가 흐려 자신을 제대로 보지 못한다면 어찌 무엇이 맞고 틀린지 따질 수 있을까? 그래서 무슨 문제든 그것을 정확히 보고 판단하려면 타인의 것을 가져와 자신의 문제를 말해야 하는 것이 아니라, 자신의 문제를 놓고 말하는 사람이 되어야 한다. "쟤는 저렇게 했고", "저 사람은 이런데" 이런 말로 자신의 부족함을 정당화시키지 말자. 자신의 마음을 직관적으로 보는 사람이 되어야 세상 또한 똑바로 볼 줄 아는 사람이 될 것이다.

"배우는 자는 무엇보다
자기 몸과 마음 가까이에서 생각하고
힘써 실천하는 것을 우선해야지,
갑자기 천명 같은 추상적인 것부터 말해서는 안 된다."

005

왜 사소한 다툼으로
원수가 되는가

 조선 선조 때, 학문을 중시하던 사림들은 점차 정국의 주도권을 쥐게 되었는데, 학문을 닦은 이들이 모였음에도 다들 자신들의 의견이 갈려 분열을 낳게 되었다. 그 시작은 바로 심의겸과 김효원의 다툼이었다. 심의겸은 퇴계 이황의 제자로, 신중하고 보수적인 인물이었으며, 김효원은 젊고 명망이 높아 개혁적 기풍을 지닌 인물이었다. 김효원이 과거 급제를 통해 요직에 나아가려 하자, 심의겸은 "성품이 경박하다"는 이유로 반대했다. 김효원과 그의 지지자들은 이를 사적인 감정과 기득권 지키기로 해석했다. 사실 심의겸의 태도에는 사사로운 원한이라기보다, 김효원의 지나친 기세를 경계하는 마음이 있었다. 마찬가지로 김효원이 심의겸을 비판한 것도 개인적인 복수심 때문만은 아니었다. 그럼에도 두 사람의 갈등은 풀리지 않았고, 이를 계기로 선비들은 두 편으로 갈라졌다. 심의겸을 따르는 쪽은 '서인'이라 불리고, 김효원을 지지하는 쪽은 '동인'이라 불리며 이후 붕당정치의 서막이 올랐다. 이때 율곡 이이는 성호원과 편지를 주고받으며 이에 대해 언급했는데 이렇게 적혀 있었다. "세상 모든 일에는 옳고 그름이 있고, 또 잘하고 못함이 있습니다. 그런데 옳고 그름과 잘하고 못함은 같지 않습니다. 잘하고 못함은 같은 범주 안에서 더 낫고 못한 차이가 있을 뿐입니다. 옳고 그름은 아예 성격이 달라서 서로 양립할 수 없습니다. 예를 들어 사람으로 말하자면, 하나는 군자(바른 사람)이고, 하나는 소인(그릇된 사람)입니다. 전략으로 보자면, 하나는 나라를 위한 것이고 하나는 사사로운 집안을 위한 것입니다. 일로 본다면, 하나는 일을 이루게 하는 것이고 하나는 일을 망치는 것입니다. 이렇게 옳고 그른 것은 분명히 갈라져야 합니다. 그러나 잘하고 못함은 같은 선비들 사이에서 그저 누구는 더 낫고 누구는 좀 부족한 정도일 뿐입니다. 만약 어떤 사람이 일을 잘 처리하더라도, 그가 군자와 소인이 다투는 상황에 섞여 있다면 당연히 군자를 도와 소인을 물리쳐야 합니다. 하지만 같은 선비들끼리 다투는데, 크게 옳고 그름이나 바름과 그름을 따질 정도가 못 된다면, 굳이 하나를 버리고 하나를 취할 필요는 없고 두 사람을 모두 아껴야 합니다."

이처럼 율곡 이이는 끝내 한쪽의 편을 들기보다는 옳고 그름의 문제라면 분명히 갈라야 하지만, 잘하고 못함은 따지기 어렵다고, 그저 사사로운 감정으로 문제를 크게 만들 일은 아니라고 여겼다. 사람들의 인간관계를 보면 이럴 때가 많다. 옳고 그름을 따지는 거 같지만, 사실은 서로에 대한 의견 차이로 인해 싸우고, 평생 친구 같던 사람이 남남이 될 때가 많다. 또한 그들의 바름과 그름 때문에 함께 편을 들며 멀어질 때가 많다. 이는 사실 서로의 다름을 인정하고 또 서로 이해하려는 노력만 있다면 그렇게까지 멀어질 일이 아니다. 붕당의 싸움도 결국은 감정을 풀면 해결될 일인데, 당파심이 문제를 키웠다. 자기 당파 속에 있으면 잘못을 보지 못하지만, 율곡 이이처럼 그 밖에서 보면 그것이 심각한 문제인지 아닌지 정확하게 보인다. 이처럼 우리가 살아가는 일상에서 대부분의 문제는 선악(善惡)의 문제가 아니라 단순한 관점 차이일 때가 많다. 그럼에도 불구하고 우리는 쉽게 상대를 '옳다, 그르다'로 나누고, 편을 가르며 더 큰 상처를 만든다. 그렇기에 우리는 인간관계에 관한 문제를 마주하게 되었을 때, 잘하고 못하는 문제라면 감정을 누르고 서로의 다름을 인정하는 것이 지혜일 것이다. 항상 치우친 관점은 갈등을 만든다. 그러니, 문제가 생기면 한발 물러서서 바라보며 옳은 것인지, 아니면 사사로운 감정인지 바라보는 지혜를 가지길 바란다.

"잘하고 못함은 같은 범주 안에서 더 낫고
못한 차이가 있을 뿐입니다.
옳고 그름은 아예 성격이 달라서
서로 양립할 수 없습니다."

Chapter. 03

성학집요

율곡 이이

마음의 수렴에 대하여

서른 살의 율곡 이이는 젊은 군주 선조에게 한 권의 책을 바쳤다. 바로 《성학집요》였다. 당시 조선은 당파 싸움과 정치 혼란 속에서 국가의 기강이 흔들리고 있었다. 선조는 즉위한 지 얼마되지 않아 나라를 이끌 경험이 부족했고, 대신들은 그 틈을 타 권력 다툼을 했다. 율곡은 이러한 현실을 안타깝게 바라보며, 나라를 바로 세우려면 먼저 군주의 마음과 뜻이 바르게 서야 한다고 믿었다. 그래서 '성현의 학문 가운데 가장 핵심적인 가르침을 모아 엮은 책'이라는 뜻을 가진 《성학집요》를 선조에게 바쳤다. 그 성학집요에는 이런 글이 적혀있다. "책《예기》에는 '오만함은 자라나게 해서는 안 되고, 욕심은 내키는 대로 두어서는 안 되며, 뜻은 가득 채워서는 안 되고, 즐거움은 끝까지 채워서는 안 된다'는 말이 전해집니다. 이에 응씨는 이렇게 덧붙였다고 합니다. '공경의 반대가 오만이고, 감정이 움직이는 것은 곧 욕심이다. 뜻이 가득 차면 넘치고, 즐거움이 지극하면 도리어 슬픔이 온다'고 하였습니다. 저는 여기서 '뜻이 가득 찬다'는 것은 적게 얻은 것에 만족하여 우쭐대며 스스로를 대단하다 여기는 것이라 생각합니다."

율곡 이이는 여기서 사사로운 감정에 빠져 마음이 교만과 자만으로 물들면 안 된다는 점을 강조했다. 적은 성취에도 대단한 것을 이룬 듯 뽐내면, 그 순간부터 성장은 멈추게 되고, 마음이 욕심에 끌리기 때문이다. 또한 그는, 감정이 요동치면 이성의 끈을 놓게 되고, 사사로운 판단이 앞서게 된다는 것을 알았다. 그래서 율곡은 "군주가 가져야 할 덕목은 스스로를 높이는 마음이 아니라, 언제나 배우고자 하는 겸허함과 욕심을 절제하는 절도입니다."라며 강조했다. 이 말은 진지하게 생각해 볼만 하다. 실제로도 우리는 자신을 객관적으로 보지 못할 때가 많기 때문에, 누구나 다하는 만큼 해놓고, 내가 힘들면 열심히 노력했다고 생각하고, 조금 잘한 일을 갖고 기고만장해서 여기저기 자랑하고 싶은 마음을 가진다. 평범한 사람들도 이런 마음을 품는데 하물며 이보다 더 쉽게 감정에 휘둘리는 사람은 절제가 되지 않을 것이다. 작은 성취를 과도하게 부풀려 이야기하고, 남의 조언을 들으려 하지 않거나, 자신의 말이 다 옳다고 믿어 누구의 말도 들으려 하지 않는 사람들처럼 말이다. 이런 모습이 좀 별난 사람이라 생각될 수도 있지만, 우리도 자신이 괜찮은 사람이라고 굳게 믿고 타인의 말을 들으려 하지 않는 순간 똑같이 별난 모습을 보이게 될 것이다.

율곡 또한 공직에 있으면서 이런 사람들을 많이 봐

왔기에 마음이 제자리에 있으면 사사로운 감정이 잦아들고, 욕심도 절로 줄어들며, 판단 역시 올바르게 할 수 있게 된다는 것을 알았다. 그는 이를 "놓쳐버린 마음을 되찾는 것" 즉, '마음의 수렴'이라 표현했다. 오늘 말로는 '초심을 되찾아라.'라는 말이다. 우리도 율곡 이이처럼 작은 성취에 자만하지 않고, 더 배울 것이 있다는 것을 알고 겸허함을 잃지 않는다면 높은 곳에 올라가고 크게 성장했을 때 눈이 멀지 않고 멀리 볼 수 있게 될 것이다. 만약 자신이 작은 것에 쉽게 우쭐하고, 자랑하고 싶은 마음이 자주 생긴다면 스스로를 망치는 생각이니, 마음을 잘 다스려 보길 바란다. 마음을 다시 모으지 않고 흩어버리는 순간 사사로운 감정과 욕심이 나의 주인이 되어 부끄러운 과거를 만들게 될 것이다.

> "군주가 가져야 할 덕목은
> 스스로를 높이는 마음이 아니라,
> 언제나 배우고자 하는 겸허함과
> 욕심을 절제하는 절도입니다."

002

언어를 수렴하는 것에 대하여

 율곡 이이는 언어를 수렴하는 태도에 대해서도 다뤘다. "임금의 말은 아무리 작은 것이라도 백성들에게 미치는 영향이 매우 크니, 반드시 조심해야 합니다. 군자는 방 안에 앉아 말을 해도, 그 말이 올바르면 천 리 밖에 있는 사람도 그 말에 호응합니다. 가까운 사람들은 말할 것도 없습니다. 반대로 방 안에서 한 말이 그릇되면, 천 리 밖에 있는 사람도 그 말을 어기게 됩니다. 말은 내 입에서 나와 백성에게까지 영향을 주고, 행동은 가까운 데서 시작되어 멀리까지 드러납니다. 그래서 말과 행동은 군자의 중요한 중심축입니다. 이 중심이 어떻게 발휘되느냐에 따라 영광과 치욕이 결정됩니다. 말과 행동은 군자가 천 리 밖까지 움직이는 힘이니, 어찌 삼가지 않을 수 있겠습니까."

  말의 중요성은 오늘날에도 많이 강조되고 있다. 옛날이나 지금이나 말의 중요성이 강조되고 있다는 건, 그만큼 말의 힘이 대단하다는 것도 있겠지만, 말을 그만큼 쉽게 하는 사람들도 많다는 방증이다. 이처럼 말을 쉽게 하는 대부분의 사람은 "그냥 하는 말"이라며 말을 하는데, 그 말이 누군가에게는 간절한 충고였을 수도 있고, 누군가에게는 인생을 바꾸는 순간일 수도 있다는 것을 모른다. 그래서 옛사람들은 말을 화살에 비유하곤 했다. 화살이 시위를 떠나면 다시 잡아챌 수 없듯, 말도 내뱉는 순간 이미 상대의 마음을 향해 날아간다. 그 말이 따뜻하다면 위로가 되어 힘이 되지만, 차갑고 날카롭다면 오래도록 아물지 않는 상처가 된다. 결국 말의 무게는 상대의 마음에서 결정되기에, 같은 한마디라도 상황과 마음을 다해 건네면 삶을 북돋는 말이 되고, 무심코 던지면 관계를 끊어버리는 칼이 된다는 것이었다. 율곡 이이는 또 이런 말을 했다. "말을 가볍게 하지 말라. 말이 많으면 허물이 많다."

말은 소리를 내어 전달하는 것이 아니라, 그 사람의 마음과 태도를 드러내는 거울이다. 그래서 말을 가볍게 하면 그 마음 또한 가벼워 보이고, 말이 많으면 그만큼 허점이 드러나기 마련이다. 순간의 감정에 휘둘려 내뱉은 말, 분위기를 맞추기 위해 던진 농담, 무심코 흘린 한마디가 의도치 않게 상대의 마음에 상처가 되어 돌아오기도 한다. 그래서 우리는 나의 말이 나를 알려주는 명함이라고 생각해야 한다. 보통 명함을 줄 때는 가장 빳빳하고 깨끗한 명함을 준다. 그 이유는 명함을 주는 사람들은 보통 일하는 데에 있어 중요한 사람이거나, 처음 보는 사람들에게 자신이 어떤 사람인지 알려주는 것이기 때문이다. 이처럼 아무리 친한 사람이나 편한 사람이라 해도 말과 행동은 처음 명함을 주는 것처럼 해야 한다. 그럼, 어느 순간 그 사람이 필요할 때 명함을 찾는 것처럼, 중요한 순간 당신의 따뜻한 말과 배려 깊은 행동들이 떠올라 결국 당신을 찾게 될 것이다. 다정한 말은 사람을 얻고, 매너 있는 행동은 마음을 얻는다. 그러니, 오늘 하루 무심코 내뱉을 말을 한 번 삼키고, 가벼이 하려던 행동을 다시 생각해 보자.

**"말을 가볍게 하지 말라.
말이 많으면 허물이 많다."**

스스로를 속이지 않는 마음에 대하여

율곡 이이는 《성학집요》에 이런 말을 적었다. "뜻을 성실하게 한다는 것은 스스로를 속이지 않는다는 것이다. 내 생각에는, 하늘에는 거짓 없는 참된 이치가 있어서 기운이 끊임없이 움직이고 세상에 고르게 퍼진다. 사람도 이와 같아서 거짓 없이 진실한 마음으로 참된 수양을 하면 마음이 쉴 틈 없이 맑고 밝아진다. 그런데 사람이 그 진실한 마음을 잃으면, 하늘의 이치와 어긋나게 된다. 예를 들어, 자식을 둔 사람이라면 효도해야 한다는 걸 모르는 사람은 없다. 하지만 실제로 효도하는 사람은 많지 않다. 형제가 있으면 형을 공경해야 한다는 것을 알지만, 정작 공경하는 사람은 드물다. 부부 사이에 서로 존중해야 한다고 입으로는 말하지만, 그 덕분에 집안이 잘 다스려졌다는 사례는 거의 없다. 형제·친구 관계도 마찬가지다. 어진 사람을 보면 좋아해야 한다는 것을 알면서도, 실제 마음은 외모나 욕망을 좇아간다. 나쁜 사람을 보면 미워해야 한다는 것을 알면서도, 그 사람이 주는 아첨을 속으로는 즐기게 된다. 벼슬아치는 청렴과 정의를 말하면서도 실제 일을 할 때는 청렴하지 않고 정의롭지도 않다. 백성을 다스리는 자도 백성을 기르고 가르치겠다고 말은 하지만, 실제 정치에서는 백성을 기르거나 가르치지 않는다. 겉으로만 어질고 의로운 척 꾸미지만, 속마음은 그렇지 않은 사람이 많다. 이런 가짜 모습은 오래갈 수 없다. 처음에는 부지런한 것처럼 보이더라도, 시간이 지나면 결국 게을러지는 이유는 모두 마음이 참되지 않기 때문이다. 마음이 참되지 않으면 모든 일이 거짓이 된다. 그런 마음으로는 어디서든 제대로 행동할 수 없다. 반대로 마음이 진실하다면 모든 일이 진실하게 이루어지고, 무엇을 하든 성취할 수 있다. 이 점을 깊이 새기기를 바란다. 또한, 뜻이 성실하지 않으면 의지가 확립되지 않고, 이치가 성실하지 않으면 끝까지 알 수 없으며, 타고난 기질이 성실하지 않으면 변화될 수 없다. 다른 일들도 이와 같은 이치로 미루어 알 수 있다."

율곡 이이의 말처럼, 말만 번지르르하게 하고 속마음은 딴 데 있는 사람은 자신을 포장하는 사람이기에 반드시 멀리해야 한다. 겉과 속이 다른 사람은 처음에는 매력적으로 보일 수 있지만, 시간이 지나면 반드시 그 본모습이 드러나게 되어 있다. 그 속임수는 오래가지 못하고, 결국 주위 사람들을 실망시키고 신뢰를 잃게 될 것이다. 율곡 이이가 말한 것처럼 나에게 피해가 오지 않고, 그저 보기에 웃기고, 재밌고, 편하다는 이유로 그것을 방관하는 것은 옳지 않다. 나에게 피해가 오지 않을 것이라 생각할 수도 있지만, 언젠간 그 방향이 나에게 돌아올 수 있다. 그래서 처음부터 이들을 멀리하고, 타일러야 한다.

  율곡 이이는 이런 사람을 이렇게 말했다. "세상에는 겉모습만 그럴듯하게 꾸미고 속마음을 닦지 않는 사람이 있습니다. 이는 마치 좀도둑과 같아, 말할 가치도 없습니다. 또 반대로 타고난 성품이 욕심이 적고 물질적 유혹에도 흔들리지 않아, '그저 마음만 바르게 하면 되지, 외모나 행동은 신경 쓸 필요 없다'고 하는 사람도 있습니다. 그러나 이런 태도 역시 참된 바른 마음에 들어갈 수 없고, 결국 세속에서 '좋은 사람' 정도로만 머물게 됩니다. 하물며 외모도 단정치 못하고 마음마저 게으르다면 방탕하게 흘러가지 않는다고 장담할 수 없을 것입니다. 그래서 마음을 바르게 하면서도 몸을 단속하지 않을 수 없는 것입니다. 결국 몸을 단속하지 않는 것은 마음이 바르지 않기 때문입니다. 진정으로 마음을 바르게 한다면, 모든 일에서 올바름을 구하게 되고, 부정한 곳에서 몸이 편안할 수 없습니다. 그러니 몸을 닦지 않는다는 것은 마음이 바르지 않다는 증거입니다. 이 점을 분명히 깨달아 유념하시기를 바랍니다."

이처럼 내 일이 아니라고 모른 척하는 것은, 내 마음이 바르지 않기 때문인 것이다. "언젠가는 변하겠지"라는 막연한 희망을 품지 말자. 변화는 저절로 오지 않는다. 거짓된 마음을 내려놓고, 말과 행동을 하나로 맞추는 습관을 쌓아야 한다. 지금부터라도 마음을 바르게 하고, 겉과 속이 다르지 않은 사람이 되기 위해 자신을 단련한다면, 그것이 나를 살리고, 사람들과의 관계를 지키며, 세상 속에서도 당당히 설 수 있는 힘을 만들어 줄 것이다.

**"진정으로 마음을 바르게 한다면,
모든 일에서 올바름을 구하게 되고,
부정한 곳에 몸이 편안할 수 없습니다."**

기질 차이에 따라
교정하는 방법에 대하여

《성학집요》에 보면 이런 말이 나온다. "사람의 기질에는 크게 강함과 부드러움이 있다. 그 안에서도 다시 '선'과 '악'이 나뉘며, 사람의 기질은 타고날 때 받은 자연의 기운에 영향을 받는다. 예를 들어, '나무의 기운'을 많이 타고난 사람은 굳세고 강하지만 부드러움이 부족하고, '쇠의 기운'을 많이 타고난 사람은 자애롭고 온화하지만, 결단력이 부족하다. 그러나 이 점을 알고 악한 면을 고치면, 강한 사람은 올바른 강함을, 부드러운 사람은 올바른 부드러움을 가지게 된다."

정자는 이렇게 말했다. "강하고 사나운 사람은 억제해야 하고, 지나치게 위축되고 두려워하는 사람은 기운을 북돋아 주어야 한다. 특히 굳센 사람은 고치기가 쉽지만, 위축된 사람은 본래 기운이 약하기 때문에 더 큰 노력이 필요하다. 그래서 '삼덕'을 다스려야 하는데 '삼덕'이란, 세 가지 기질을 다스리는 방법을 말한다. 삼덕은 다음과 같다. 첫 번째는 성격이 안정되고 건전한 사람은 정직함으로 다스려야 한다. 두 번째로 지나치게 소극적이거나 숨어드는 성향의 사람은 강한 방법으로 이끌어야 한다. 세 번째로 너무 날카롭고 강한 성향의 사람은 부드러운 방법으로 조율해야 한다. 그래서 성향이 지나치게 가라앉으면 강한 방법으로, 지나치게 날카로우면 부드러운 방법으로 조율해야 한다."

황 씨는 이를 약 처방에 비유했는데 옛사람들이 남겨 놓은 약 처방서에도 병을 다스리는 큰 원칙만 적어 두었을 뿐이기 때문에 그것대로 하기보다는, 사람도 기질에 맞는 방법을 신중히 선택해야 한다고 했다.

공자도 "사람의 본성은 비슷하지만, 습관은 크게 다르다"고 말했다. 또한 주자에 따르면, "기질에는 본래 차이는 있지만, 처음에는 크게 벌어져 있지 않기 때문에 착한 습관을 들이면 더 선해지고, 악한 습관을 들이면 더 악해지면서 점점 멀어진다.'고 했다." 결국, 아무리 똑같은 환경에서 자랐다고 해도 사람의 기질은 같지 않기 때문에, 교정하는 방법 역시 사람마다 달라야 한다. 그런데 오늘날 사람들은 "누구는 이렇게 하는데", "쟤는 저렇게 하는데"라고 말하며 비교하기에 급급하다. 그렇다 보니, 오히려 반항하거나, 관계가 틀어지는 것이다. 사람마다 살아온 습관이 다르고 성향이 다른데 좋은 것이라고 똑같이 하길 바라고, 잘 해내길 바라면 절대 좋아질 수가 없다.

세상을 사람들과 더불어 살아가려면 이해가 필요하

다. 나와 좀 맞지 않아도 '그게 너의 살아가는 방식이구나'라고 생각할 줄 알아야 한다는 것이다. 그렇지 않으면 그 사람이 바뀌기 전에 내가 지치게 된다. 그러니, 서로의 다름을 인정하고 그에 맞는 배려와 존중하는 법을 익히길 바란다. 그리고 정말로 잘못되었다면 "왜 못해?", "왜 이렇게 성격이 못됐어?"라고 화부터 내기보다는, 그의 기질을 파악하고 맞게 대해보길 바란다. 그렇다면 훨씬 편하게 상대의 관점으로 그를 이해할 수 있을 것이다.

**"기질에는 본래 차이는 있지만,
처음에는 크게 벌어져 있지 않기 때문에
착한 습관을 들이면 더 선해지고,
악한 습관을 들이면 더 악해지면서 점점 멀어진다."**

005

마음의 중심을 잡는
일에 대하여

율곡 이이는 마음을 먼저 바로잡는 것을 중요하게 생각했다. 그래서 성학집요에는 마음을 다스리는 법에 대한 글들이 많다. 특히 율곡 이이는 마음이 한쪽으로 치우치지 않는 것에 대해 중요하게 생각했는데, 그 문제에 대해 이렇게 말했다. "마음이 자기 안에 없으면, 몸을 다스릴 주인이 없어져서 행동을 바르게 할 수 없다. 마음이 바르게 자리를 잡으면, 귀·눈·코·입과 온몸의 모든 기관이 그 명령을 따라 움직이고, 움직임과 멈춤,

말과 침묵, 나가고 들어옴, 일어나고 눕는 모든 행동이 내가 하려는 대로 이루어져 이치에 어긋남이 없게 된다. 하지만 마음이 자기 안에 없으면, 몸은 여기에 있어도 마음은 딴 데 팔려서 육신을 통제하지 못한다. 그러면 '머리를 들어 새를 보다가, 고개를 돌려 전혀 엉뚱한 말을 하는' 사람처럼 되는 경우가 많다. 요즘 배우는 사람들이 크게 나아가지 못하는 것은, 결국 마음이 자기 안에 있지 않기 때문이다. 내가 젊었을 때, 밤에 종소리가 울리면 그 소리가 채 사라지기도 전에 이미 다른 곳으로 도망가는 생각을 했다. 그 일을 계기로 스스로를 경계하고 반성하며, 학문을 하려면 반드시 뜻을 한곳에 모아야 한다는 것을 알았다"고 말했다.

주자는 이렇게 말했다. "신이 말하건대, 비록 '마음을 두는 것'과 '마음을 두지 않는 것'이 다른 것처럼 보이지만, 실제로는 마음이 한쪽에만 치우쳐 얽혀 있기 때문에 몸의 주인이 되는 힘을 세울 수 없는 점에서 같은 문제입니다. 그래서 '유심'과 '무심'을 두 개의 전혀 다른 병폐로 볼 수는 없습니다." 즉, 마음을 다른 곳에 두고 있으면 당장 앞에 있는 것을 보지 못하고, 당장 앞의 것을 보고 있어도 마음이 그곳에 없으면 제대로 보지 못한다는 것이다. 결국, 유심과 무심 둘 다 '마음을 바로 세우는 힘'을 잃게하기 때문에 본질적으로 다르지 않다는 말이다. 이 글은 마음이 지금 없는 것과 한쪽으로 치우치는 것을 경계해야 함을 강조한다. 여자 친구를 사귀면서 전 여자 친구를 생각하거나, 시험공부하면서 놀 생각을 하는 것처럼 말이다. 하지만 집착은 괴로움을 낳고, 무관심은 후회를 낳는다. 그렇기에 마음을 항상 둬야 할 곳에 두지 않으면 늘 괴롭고 후회를 하게 된다. 그래서 중요한 것은 마음을 늘 제자리에 두는 연습을 하는 것이다. 연애든 공부든 일상이든, 마음이 지금 해야 할 일과 마주한 사람에게 머물러야 한다. 한눈을 팔면 당장은 달콤할지 몰라도 결국 잃는 것이 더 많다. 작은 일에 몰입하는 연습이 쌓이면 큰일 앞에서도 흔들리지 않게 된다. 율곡이 강조한 '놓쳐버린 마음을 되찾는 공부'란 특별한 수양법이 아니라, 지금, 이 순간

해야 할 일에 마음을 두는 훈련이다. 스마트폰에 빠져 잃은 집중력을 다시 가져오고, 과거와 미래에 쏠린 걱정을 거두어 현재로 돌아오는 것, 그것이 바로 마음을 다스리는 첫걸음이다. 마음이 제자리를 지킬 때 비로소 우리는 후회보다 성취를, 괴로움보다 편안함을 느낄 수 있을 것이다.

> **"마음이 자기 안에 없으면,**
> **몸을 다스릴 주인이 없어져서**
> **행동을 바르게 할 수 없다."**

006

그릇이 큰 사람에 대하여

 주변에 속 좁은 사람들을 겪어보면 알게 된다. 사소한 일에도 쉽게 서운해하고, 자신의 기준과 다르면 받아들이지 못한다. 또한 남의 잘못을 오래 기억하고, 인정과 칭찬은 아끼면서, 자신이 잘한 일은 크게 드러내고 싶어 한다. 이런 태도는 대화를 막고 관계를 경직시키며, 함께 있는 사람을 힘들게 해 점점 거리를 두게 만들기도 한다. 율곡 이이도 이런 사람들을 성학집요에서 이렇게 말했다. "사람이 마음의 그릇이 좁으면 조금 배운 것에도 쉽게 만족하고, 한쪽으로만 치우쳐 깊고 넓은 경지에 이르지 못합니다. 공자는 "잘한 일은 남이 한 것이라 하고, 잘못은 내가 한 것이라 하면 사람들이 다투지 않는다."라고 했습니다. 《서경》에서도 "교만하지 않으면 사람들이 잘하는 것을 두고 다투지 않고, 자랑하지 않으면 공을 두고 다투지 않는다."라고 했습니다. 즉, 잘한 것을 자기 공으로 삼으면 더 나아가려는 마음이 사라져 덕이 줄어들고, 능력을 자랑하면 다른 사람의 의욕이 꺾여 공이 무너집니다. 어떤 사람이 주자에게 "사람들이 의논할 때 자기 뜻대로만 하길 원하는 사람은 기운이 고르지 못한 게 아닙니까?"라고 묻자, "본래 이것은 기운이 고르지 못한 것이지만, 동시에 마음이 좁은 것입니다. 사람의 마음은 학식에 따라 자라지만, 학식이 높아도 마음이 자라지 못하는 사람이 있으니, 이는 학식이 실제에 미치지 못하기 때문입니다. 대체로 다른 일은 억지로 할 수 있어도 학식과 마음만은 억지로 될 수 없습니다."라고 대답했다고 합니다. 제 아무리 똑똑하더라도 그릇이 함께 자라지 못하는 경우가 있고, 큰 강처럼 보여도 가득 찰 때가 있습니다. 그러나, 성인은 천지와 같은 도량을 지니니, 애써 만들지 않아도 넓고 깊습니다. 억지로 겸손한 척하는 것, 상황에 따라 겸손해지는 것, 지위가 높아져서 일부러 겸손하게 행동하는 것 모두 외부에 의해 '움직여진' 것입니다. 진정한 도를 아는 사람은 꾸미지 않아도 그릇이 저절로 넓어집니다. 장자는 "마음이 크면 모든 것이 통하지만, 마음이 작으면 모든 것이 병든다."고 했습니다. 그릇이 좁으면 남을 품지 못하고, 그 막힌 데에서 수많은 문제가 생깁니다. 그러니, 사람됨에 있어서는 반드시 넓고 두터운 마음을 길러야 하며, 그릇이 큰 사람만이 세상을 온전히 품을 수 있습니다." 이 내용처럼, 결국 마음의 크기가 그 사람의 격을 만든다. 격이란, 주위 환경이나 형편에 자연스럽게 어울리는 품위를 말하는데, 격이 높은 사람은 상황에 따라 맞게 잘 대응하고 행동할 줄 아는 사람이다. 예컨대, 어떤 일로 기분이 나빠졌을 때, 다른 사람에게 화를 내거나, 혹은 기분 안 좋은 티를 내지 않는 사람은 격이 높은 것이며, 이것을 진정한 어른의 품격이라고 볼 수 있다. 학벌과 지식이 인생의 수단이라면, 마음의 그릇은 인생을 살아가는 깊이를 결정한다. 그렇기에 지금 내 마음을 돌아보며 나의 '그릇'을 판단해 보아야 한다. 그리고 자신의 그릇이 좁다면 키우는 노력이 필요하다. 율곡 이이는 그릇을 키우는 방법에 대해 이렇게 말했다. "제가 생각건대, 그릇이 넓지 못한 것은 기질이 병든 데에서 비롯됩니다. 그러므로 덕과 그릇을 넓히는 데에 따로 특별한 공부가 있는 것이 아닙니다. 오직 기질을 바로잡는 한 가지 일뿐입니다. 사람 중에는, 큰 나라의 임금 자리에 있으면서도 스스로를 낮추고 겸손한 자가 있는가 하면, 말단 관직 하나만 받아도 거만하게 높은 척하는 자가 있습니다. 이는 그릇의 크고 작음이 다르기 때문입니다. 그릇이 작은 사람에게는 세 가지 단점이 있습니다. 첫째, 치우치고 왜곡된 마음인데 이는 생각이 막혀서 통하지 못하고, 공평한 마음으로 이치를 살피지 못하는 것입니다. 둘째, 스스로 잘난 체하는 것인데 이는 조금만 얻어도 만족하여 겸손히 뜻을 낮추지 않고, 덕의 높은 경지로 나아가지 못하는 것입니다. 셋째, 이기기를 좋아하는 것인데 이는 잘못을 감추고 마음을 비우지 않아, 선한 것을 따르지 못하는 것입니다. 이 세 가지는 모두 사사로움에서 비롯됩니다. 하늘과 사람은 본래 하나라서 본질적으로 구분이 없는데, 하늘과 땅은 사사로움이 없지만, 사람은 사사로움이 있습니다. 그래서 사람이 하늘과 땅처럼 그 넓음을 함께하지 못하는 것입니다. 그러나, 군자는 사사로움을 버리기 때문에 그 덕이 하늘과 땅에 부합합니다. 그러므로 학문하는 사람은 반드시 사사로움을 극복하고 그릇을 넓혀, 군자와 성인에 이르도록 애써야 합니다. 사사로움을 없애는 방법은 오직 학문(사적인 욕심, 자기중심적인 생각, 이익만을 좇는 마음을 버리는 것)뿐입니다. 학문이 깊어지고 진보하면 그릇도 그만큼 넓어집니다. 타고난 성품의 좋고 나쁨은 문제 삼을 것이 아닙니다. 끊임없이 힘쓰고 또 힘써서 마음이 환하게 트이고, 털끝만 한 사사로운 마음조차 끼어들 틈이 없다면, 천하를 다스리면서도 그것에 집착하지 않게 됩니다. 삼가 엎드려 바라건대, 전하께서는 이 점을 깊이 유념하시기를 바랍니다."

 율곡의 말처럼 마음의 그릇은 타고난 것이 아니라, 사적인 욕심을 버리면서 조금씩 키워가는 것이다. 내가 먹고 싶어도 사랑하는 이를 위해 양보하고, 내가 피곤해도 친구의 기분도 생각해 짜증 내지 않고, 내가 갖고 싶어도 갖고 싶어 하는 동생에게 주는 것처럼, 자신의 욕심보다 타인을 아껴보는 것에서 그릇이 조금씩 넓혀진다. 그래서 배려심이 깊고, 사랑을 많이 줄 수 있는 사람은 큰 그릇을 가진 사람이라 볼 수 있다. 자신의 욕심을 내려놓는 것도 있지만, 배려받지 못했을 때, 또 사랑받지 못했을 때 그 아픔을 알기에 상대에게 줄 수 있는 큰 그릇을 품고 있기 때문이다. 이처럼 욕심을 내려놓고 줄 수 있는 사람이 그릇을 넓힐 수 있고, 그 넓음 속에서 비로소 타인을 품고 세상을 바라볼 여유가 생기게 된다. 결국 큰 그릇을 품으려면, 오늘의 나를 돌아보고 조금씩 욕심을 내려놓는 태도 속에서 넓어지는 것이니, 한 번에 바뀌려 하기보다 조금씩 마음을 넓혀

본다면, 훨씬 더 가치 있는 인생을 살 수 있을 것이다.

"사람이 마음의 그릇이 좁으면
조금 배운 것에도 쉽게 만족하고,
한쪽으로만 치우쳐 깊고 넓은 경지에 이르지 못합니다."

007

게으름의
병폐에 대하여

 살다 보면 게으름 때문에 아무것도 하지 못한다고 생각하는 사람들이 있다. 사실 이는 반은 맞고 반은 틀리다. 게으르기 때문에 안 하는 것도 맞지만, 게으름을 이겨내는 방법을 모르기 때문에 아무것도 하지 못하는 것이다. 율곡 이이는 게으름을 이겨내는 방법에 대해 이렇게 말했다. "공부가 지극하면 그 효과는 반드시 나타나는 것이지, 어찌 미리 시기를 정해두고 결과를 이야기할 수 있겠습니까? 그러나 지금 사람들은 먼저 성과부터 얻으려 하는 나쁜 습관이 있습니다. 스스로 언제까지 성과를 보겠다고 기한을 정해 두지만, 그때가 되어도 효과가 나타나지 않으니, 공부한 지 얼마 되지 않아 금세 싫증과 권태가 생기는 것입니다. 이것은 배우는 자가 공통적으로 범하는 병폐입니다. 먼 곳으로 가는 사람은 한걸음에 목적지에 도달할 수 없으니 반드시 가까운 데서부터 차근차근 걸어가야 합니다. 높은 곳에 오르는 사람도 단번에 뛰어오를 수 없으니 반드시 낮은 곳에서부터 차례대로 올라가야 합니다. 진실로 그 길을 잃지 않고 부지런히 차례대로 질서 있게, 날마다 일정한 공부량을 정해 전진하고 물러섬이 없다면, 멀다고 해서 못 갈 곳이 없고, 높다고 해서 못 오를 곳이 없을 것입니다. 사람의 마음은 각기 즐기는 바가 있지만, 배우는 것을 즐거움으로 여기지 못하는 것은 반드시 마음을 가리는 것이 있기 때문입니다. 그러므로 그 가림을 알아내어 힘써 제거해야 합니다. 음악과 여색에 가려진 사람은 노래와 여인을 멀리하는 데 힘써야 하고, 재물과 이익에 가려진 사람은 재물을 천하게 여기고 덕을 귀히 여기는 데 힘써야 합니다. 치우치거나 사사로운 생각에 가려진 사람은 자기 생각을 버리고 남의 의견을 따르는 데 힘써야 합니다. 모든 가림에 대하여 그 근본을 끊고 학문을 실천하는 데 힘쓰며, 어렵고 쉬움을 따지지 않고 용감하게 힘껏 나아가고, 괴로움을 참으면서도 결단코 물러서지 않는다면, 공부가 처음에는 험난하고 막히더라도 뒤에는 점차로 조리가 밝아지고, 처음에는 혼란스럽더라도 뒤에는 점차로 정리되며, 처음에는 매우 어렵고 까다롭더라도 뒤에는 점차로 통달해 편리해질 것이며, 처음에는 담박하더라도 뒤에는 점차로 깊은 맛이 있어 반드시 배우는 일이 스스로 즐거움으로 바뀌게 될 것입니다. 그렇게 되면 천하에 배우는 일보다 더 큰 즐거움은 없을 것이니, 어찌 외부의 조건들을 탐하여 배우는 일을 게을리하거나 늦추겠습니까? 이것이 바로 안자가 그만두려 해도 그만둘 수 없었던 까닭입니다."

율곡 이이의 말처럼 게으른 사람들이 해내지 못했

던 것은 게으름에 지배당해 못 하는 것이 아니라, 한 번에 변화를 원하고, 빠르게 잘하기를 원해서이다. 실제로 성공했거나, 큰 일을 해낸 사람들에게 물어보면 다들 "그냥 해요", "하다 보니 되던데요?"라는 말을 한다. 즉, 잘 하려고 하기보다, 잘하기 위해 매일 꾸준히 그냥 해낸 것이다. 그러니, 처음부터 잘하려는 사람이 되지 말고, 작은 것부터 잘 해내려는 사람이 되려고 노력해보자. 그렇게 천천히 하다 보면, 그 작은 발걸음이 습관이 되어, 매일 하는 사람이 되어 있을 것이다. 그럼, 어느 순간 실력이 쌓이게 될 것이고, 실력이 생기면 그것이 점점 재미가 생기게 된다. 자기가 잘하는 것을 재미없다고 하는 사람은 드물다. 그렇기에 내가 그것에 재미를 붙일 때까지 하루하루 해내다 보면 그것에 대한 맛을 느끼게 될 것이다. 처음부터 귀찮고 어렵다는 이유로 안 하려 하지 말고, 조금씩 해내는 연습을 해보자. 그렇게 쌓인 작은 것들이 결국, 당신의 인생을 송두리째 변화시킬 것이다.

" 지금 사람들은 먼저 성과부터 얻으려 하는
나쁜 습관이 있습니다."

008

소인의 간사함을
분별하는 것에 대하여

 주변에 어떤 사람을 두느냐에 따라 나의 인생이 달라진다는 말은 수없이 들었을 것이다. 하지만 말처럼 실질적으로 나에게 해가 되는 사람은 쉽게 드러나지 않는다. 대놓고 욕심을 부리거나, 노골적으로 아첨하는 사람은 이미 이상함을 느껴 자연스럽게 멀리하게 되지만, 간사한 사람은 겉으로는 점잖고 사람이 괜찮아 보이기 때문이다. 사기꾼들이 "나 사기꾼이요"라고 얼굴에 써놓고 다니지 않는 것처럼 말이다. 율곡 이이는 '성학집요'에 이런 간사한 사람을 분별해야 한다며 이렇게 말했다. "말을 교묘하게 하거나 외모를 지나치게 꾸미는 사람 가운데 마음이 바른 사람이 드뭅니다. 주자가 말하기를, '만약 사람이 얼굴빛과 말씨를 잘 닦아내어, 말할 때는 성급하지 않고, 마음속은 바르게 하고, 겉모습은 단정히 하여 속과 겉이 알맞게 일치한다면, 그것은 자신의 인격을 기르는 공부이자, 마음을 바르게 하는 가장 중요한 길이 될 것이다. 이런 자세는 해로울 리 없다. 그러나, 소인의 간사함은 남의 허물을 들추어내는 것을 정직이라 여기고, 겉으로는 엄한 체하면서도 속은 나약하다. 그래서 성인이 이런 사람들을 더 미워한 것이다.'라고 했습니다. 신이 생각하건대, 위 말처럼 누가 봐도 탐욕스럽고 아첨하는 자는 어리석은 임금이 아니면 쉽게 구별할 수 있습니다. 그러나 겉보기엔 옳은 듯하나 실제로는 바르지 않은 자는, 밝은 임금이라도 분별하기 어려울 때가 있습니다. 군자는 얼굴빛을 바르게 하고 곧은 말을 하지만, 소인 가운데에도 겉으로는 엄격한 체하며 남의 허물을 들추는 것을 '정직함'

이라 여기는 자가 있어 겉모습은 군자와 비슷합니다. 또 군자는 행실이 완전하여 흠이 없는데, 소인 가운데에도 삼가고 조심하여 흠잡을 데가 없는 자가 있어 역시 비슷해 보입니다. 그러나 그 속마음을 살펴보면, 이들은 마음을 숨기고 세상에 잘 보이려 하며 스스로 옳다 여기고, 세상의 흐름에 편승해 눈치만 보고 삽니다. 이들은 되려, 성실히 살아가는 선비를 억누르고 학문의 길을 끊게 만듭니다. 이런 사람들은 '위선적인 사람'이라는 지목을 받으면 부끄러워하고 분노합니다. 그러나 실제 행적을 살펴보면, 그들은 이리저리 눈치 보고 몸을 사리면서 벼슬만 탐하다가, 옛것을 회복하자는 말을 듣거나 도를 지향하는 선비를 보면, 곧 우스꽝스럽고 실현 불가능하다 비웃으며, 낡은 방식을 지키고 임시방편만 일삼습니다. 이런 자들이 모두 '위선적인 사람'과 같은 사람들입니다."

율곡 이이의 말처럼 소인의 간사함을 품은 사람들은 누군가 자신에게 위선적인 사람이라고 하거나, 안 좋은 이야기를 하면 부끄러워하고 크게 화를 낸다. 이것을 사람의 심리로 본다면 이와 같다. 예를 들어, 대놓고 욕심을 보이고, 아첨하는 사람들은 그것이 잘못된 것인지 모르기 때문에 자신의 욕구대로 표출한다. 이는 무지에서 나오는 무식함이다. 반면에 간사한 사람은 그것이 잘못된 것인지는 알지만, 꼬인 가치관으로 자신의 잘못된 말과 행동이 상황에 타당하다고 여겨 교묘하게 행동하는 것이다. 즉, 자기합리화다. 실제로 자존감이 높거나 평소에 행실을 똑바로 하는 사람들은 자신에 대한 안 좋은 말이 들렸을 때, 아니라고 처음에는 말하겠지만, 그래도 상대가 믿지 않는다면 분노하기보다 그냥 그대로 둔다. 왜냐하면 정말 자신은 떳떳하고, 그들은 믿고 싶은 것만 믿는 것이 느껴지기 때문이다. 하지만 간사한 사람은 이러한 자신의 모습이 겉으로 드러나는 게 부끄러워 계속해서 변명한다. 그래서 우리는 인간관계에서 겉은 착하고 좋은 사람인 척하면서 조용히 나를 이용해 먹는 사람들을 조심해야 한다. 만약 평소에 안 좋은 말을 들었을 때, 너무 화를 내거나, 자꾸 그것에 대해 변명하고 피해자인 척하려는 사람이 있다면, 소인의 간사함을 가지고 있는 사람일 가능성이 크니 거리를 둔 뒤, 이익에 따라 말과 행동이 다른 사람인지 잘 확인해 보길 바란다.

**"군자는 얼굴빛을 바르게 하고 곧은 말을 하지만,
소인 가운데에도 겉으로는 엄격한 체하며
남의 허물을 들추는 것을 '정직함'이라 여기는 자가 있어
겉모습은 군자와 비슷합니다."**

009

천하의 일을
다할 줄 아는 사람

임금이 혼자서 천하를 다스린다는 것은 불가능한 일이다. 나라는 크고 백성은 많으며, 하루에도 수많은 일들이 일어나기 때문이다. 그럼에도 불구하고 옛 현명한 임금들은 전화기나 좋은 교통수단이 없음에도 큰일을 맡아 힘겹지 않게 처리해 나갔다. 그 까닭은 자기만의 지혜에 머물지 않고, 널리 사람들의 의견을 받아들였기 때문이다. 율곡 이이는 성학집요에서 이렇게 말했다.

"신이 생각하건대, 천하는 매우 크고 일들은 복잡합니다. 그런데도 임금은 몸은 작고 거처는 조용하며, 생활은 단순합니다. 그럼에도 불구하고 임금이 천하의 일을 잘 처리할 수 있는 까닭은, 천하 사람들의 지혜를 모아 큰일을 결단하기 때문입니다. 사람은 누구나 나름의 지혜가 있어, 어리석은 자에게서도 한 가지쯤은 배울 점이 있습니다. 만약 여러 사람의 지혜를 모아 하나로 합치고, 임금의 기준이 바르고 분명하여 균형 잡힌 삶을 살 수 있다면, 아무리 천하가 크고 일이 많아도 마치 손바닥 위에서 움직이는 것처럼 수월하고, 물병을 엎어 물을 쏟듯 거침이 없을 것입니다. 천하 사람들의 눈을 내 눈으로 삼는다면 보지 못할 것이 없고, 천하 사람들의 귀를 내 귀로 삼는다면 듣지 못할 것이 없으며, 천하 사람들의 마음을 내 마음으로 삼는다면, 미처 생각하지 못할 지혜가 없을 것입니다. 이것이 바로 훌륭한 황제나 밝은 임금이 큰일을 하면서도 힘들어하지 않는 까닭입니다. 반대로, 스스로 총명하다고 자만하여 남의 의견을 무시하고, 자기 지혜를 자랑하며, 한 시대의 인재들을 얕잡아보고, 세상 사람을 모두 자기보다 못하다고 여긴다면 어떻게 되겠습니까? 가까운 주변 일조차 제대로 파악하지 못할 텐데, 하물며 넓은 천하를 다 알 수 있겠습니까. 현명한 임금은 스스로 훌륭한 지혜를 가졌다고 내세우지 않고, 백성들에게서 선한 것을 힘써 받아들였습니다. 겉보기에 비천한 것 같아도, 이것이 바로 현명한 임금이 실행한 길이었습니다. 사람들의 의견을 듣는 건, 현명한 임금의 총명이 남보다 못해서가 아니었습니다. 굳이 남의 말을 귀담아들은 것은, 남과 자신을 구분하지 않았기 때문입니다. 그래서 천하의 좋은 부분을 모아 실천할 수 있었고, 성스러운 임금이 될 수 있었던 것입니다. 임금이 스스로 지혜롭다고 자만하면서 현명한 임금보다 더 잘하려 하고, 남의 말을 무시하며 자기 멋대로 하려 든다면, 결국 스스로 막히고 어두운 길로 들어설 뿐입니다."

이 내용은 오늘날에도 꼭 새겨야 할 교훈이다. 많은 리더들이 흔히 범하는 실수는, 스스로 노력해 지금의 자리에 올랐으니, 모든 것을 다 안다고 착각하는 것이다. 그러나 아무리 똑똑하고 현명한 사람이라도 한 사람의 지혜만으로는 세상의 모든 변화를 따라잡을 수 없다. 그래서 직분과 상관없이 타인의 말을 듣고 반영할 줄 아는 사람은 현명한 사람이다. 이런 사람들은 꼭 곁에 두고 배워야 한다. 반대로 어떤 말이든 자신이 듣고 싶은 것만 받아들이는 사람은 자기도취에 빠진 사람이다. 이런 사람은 만나봤자 내 시간만 날리게 되기 때문에 멀리하는 것이 좋다. 결국, 임금이든 평범한 사람이든, 남의 의견을 기꺼이 듣는 자만이 더 많은 것을 볼 수 있다. 율곡 이이가 강조한 것도 바로 이 점이다. 자신의 지혜를 내세우기보다, 보잘것없는 말일지라도 귀 기울여 받아들이는 태도, 그것이 진정한 지혜의 시작이다. 그런 태도로 남의 말 속에서 배움을 찾는 사람은 천하를 품을 수 있다. 그러니 나와 다르다고 배척하지 말고, 듣기 거북한 말일지라도 그 속에서 배움의 씨앗을 찾아야 한다. 그렇게 할 때 우리는 시간을 절약하면서도 많은 일을 이룰 수 있고, 깊이 고민하지 않아도 큰 지혜를 얻는 사람이 될 수 있다.

"사람들의 의견을 듣는 건,
현명한 임금의 총명이 남보다 못해서가 아니다.
굳이 남의 말을 귀담아들은 것은,
남과 자신을 구분하지 않았기 때문이다."

010

시대의 흐름을 아는 자가 뛰어난 인재다

인생은 타이밍이다. 아무리 큰 재능과 지혜를 가지고 있어도 때를 맞추지 못하면 빛을 발하지 못하는 경우가 많고, 반대로 능력이 조금 부족하더라도 시대의 흐름을 제대로 읽고 그에 맞게 행동하는 사람은 크게 쓰임을 받을 때가 많기 때문이다. 중국 고전에도 '식시무자위준걸'이라 하여, 시대의 일을 분별할 줄 아는 자를 진정한 인재라 여겨왔다. 율곡 이이 역시 성학집요에서 같은 맥락의 가르침을 남겼다. 그는 《서경》〈열명〉

의 구절을 인용하여 "생각이 선하다면 이에 따라 움직이되, 움직일 때에는 반드시 '때'에 맞게 해야 한다"라고 하였고, 또《주역》의 구절을 들어 "천지는 때에 맞게 움직이므로 해와 달이 궤도를 벗어나지 않고, 사계절도 절기가 어긋나지 않으니, 성인도 때에 맞게 움직이므로 형벌이 공정하여 백성들이 따르게 된다."고 말했다. 즉, 큰일을 해결할 때는 먼저 상황을 분별하는 것이 중요하고, 결단은 그 다음에 따라와야 한다는 것이다. 즉, 아무리 올바른 생각을 품고 있어도 때와 상황에 맞지 않으면 소용이 없는 경우가 많다는 것이다. 당장 내가 좋은 것을 생각해도 세상이 받아들일 준비가 되지 않으면 좋은 뜻도 헛된 외침으로 끝나게 된다. 반대로, 지금 이 순간 세상이 필요로 하는 것이 무엇인지 알아차리고 거기에 맞춰 행동하면 부족해 보이는 능력으로도 큰 성과를 거둔다. 현대의 사례만 봐도 '때'를 잘 맞춘 사람들이 부와 명예를 거머쥐었다. 추운 겨울날 큰 시위가 열리면 그 앞에서 따뜻한 오뎅을 파는 사람이 돈을 벌었고, 코로나 시기에는 마스크를 누구보다 먼저 대량으로 생산해 확보한 사람이 이익을 얻었다. 이처럼 시대의 흐름을 읽어내는 안목을 가진 사람이 영향력을 끼칠 수 있다. 우리의 삶에서도 마찬가지다. 무언가를 하고자 할 때, 그 일에 필요한 것이 무엇인지, 지금이 적절한 때인지 먼저 살펴야 한다. 그저 열심히 하는 것만으로는 부족하다. 옳은 생각과 치밀한 계획이 있더라도 때를 놓치면 빛을 발하지 못한다. 반대로, 지금 이 순간 꼭 필요한 일을 정확히 읽고 실천한다면 부족한 조건 속에서도 길은 열리게 되어 있다. 즉, 될 놈이 되는 게 아니라, 적절한 타이밍을 잘 잡을 줄 아는 사람이 되는 것이다. 그러니 무엇을 할지 고민할 때는 '지금 이 순간 세상이 무엇을 필요로 하는가'를 먼저 묻고 시작해야 한다. 그렇게 타이밍만 잘 맞추어도 더 큰 기회를 잡을 수 있을 것이다.

"생각이 선하다면 이에 따라 움직이되,
움직일 때에는 반드시 '때'에 맞게 해야 한다."

일을 시작하는 올바른 방법과 원리에 대하여

 일을 시작하는 올바른 방법과 원리에 대해 율곡 이이는 말했다. "신은 이렇게 생각합니다. 나라의 꼭 해야 할 일은 언제나 똑같지 않아, 시대마다 달리 해야 할 것들이 있습니다. 이를 큰 틀에서 나누어 보면 세 가지로 정리할 수 있습니다. 첫 번째, 창업입니다. 나라를 새로 세우는 일입니다. 두 번째 부조의 업을 지키는 것입니다. 선대 임금이 세운 제도와 법을 잘 지켜나가는 일입니다. 세 번째, 개혁입니다. 제도가 낡고 병폐가 쌓였을 때 고쳐 바로잡는 일입니다. 부조의 업(선대 임금이 세운 제도와 법을 잘 지켜나가는 일)을 지키는 것은 비교적 쉽지만, 개혁은 뛰어난 안목과 비범한 능력이 있어야 가능한 일이므로 어렵습니다. 개혁이 필요하지 않은데 억지로 고치려 한다면, 이는 병도 없는데 약을 억지로 먹는 것과 같아 오히려 병을 만들 뿐입니다. 반대로, 개혁이 꼭 필요한데도 그저 지키기만 한다면, 이는 병에 걸렸는데도 약을 거부하고 누워 죽음을 기다리는 것과 같은 꼴입니다. 어떤 이가 묻기를, "부조의 업을 지키는 것은 크게 불의가 판치는 세상이 아니면 가능하지만, 개혁은 특별한 인물이 있어야 가능한 일 아닙니까? 그럼 그런 인물이 없으면 개혁은 못 하는 것입니까?"라고 물어, 신은 대답했습니다. "그렇지 않습니다. 임금에게 나라를 다스리려는 참된 뜻만 있다면, 아무리 이름 없는 곳에 있는 사람이라도 찾아내어 쓰일 수 있습니다. 알맞은 인재가 없을 리가 없습니다." 옛날 임금 중에 정말 나라를 잘 다스리고자 하면서도, 현자를 구했으나 만나지 못해 정치를 하지 못한 경우가 있었습니까? 없습니다. 그만큼 의도가 바르지 않았기 때문입니다. 만약 자손이 선대의 옛집을 지키는데, 집이 오래되어 기둥과 대들보가 썩어 무너질 지경이 되었다고 해보겠습니다. 이때 정말로 고칠 마음이 있다면, 천 리 길도 마다하지 않고 훌륭한 목수를 찾으러 가지 않겠습니까? 어찌 '목수가 없다.'라는 핑계를 대며 무너지는 집을 그냥 지켜만 보겠습니까? 나라의 부패를 개혁하는 것도 이와 같습니다. 인간의 마음은 보통 옛 습속에 안주하려는 성향이 있습니다. 그래서 나무 밑에 앉아 우연히 토끼가 걸려들기만 기다리는 것처럼, 안일하게 옛 제도에 매달려 변화하지 않고 지내기 쉽습니다. 눈앞에는 아무 일이 없는 듯 보이지만, 뜻밖에 큰 재앙을 불러오는 경우가 많습니다. 그러니, 바라건대 전하께서는 깊이 경계하시기를 바랍니다." 율곡 이이가 말한 창업·부조의 업·개혁의 원리는 국가뿐 아니라 기업과 조직, 그리고 개인의 삶에서도 적용된다. 새로운 일을 시작할 때(창업)는 큰 비전을 세우고 기초를 튼튼히 다져야 한다. 그리고 기존 잘 된 사례들을 보고 따라 하며 틀을 잘 잡아야 한다. (부조의 업을 지킴) 그 후에는 크게 흔들리지 않고도 일정한 성과를 이어갈 수 있다. 그러나 시간이 흐르면 환경이 변하고, 제도나 습관은 낡고 좋지 못한 것들이 쌓인다. 이때 과감히 바꾸고 바로잡는 일 (개혁)을 하지 않으면 무너지고 만다. 그런데 대부분 이 단계에서 일이 바쁘다는 이유로, 사람이 없다는 이유로 멈춰 선다. 혹은 반대로 아직 변화가 필요하지 않은데도 어느 정도 자리를 잡았다고 생각해 지출을 많이 하거나, 새로운 것을 들이려고 하다가 위기를 맞게 된다. 그래서 망하지 않기 위해 중요한 것은 언제 변화해야 하는지 아는 통찰과, 실행할 용기다. 율곡이 말했듯, 개혁은 특출난 사람이 나타나야만 가능한 것이 아니다. 간절함과 올바른 의지가 있다면 작은 곳에서도 인재를 찾을 수 있고, 누구나 변화의 주체가 될 수 있다. 그래야 나라와 조직, 그리고 나 자신이 무너지지 않고 더 나아갈 수 있다. 결국 창업과 부조의 업, 개혁 이 세 가지 원리는 시대와 환경이 바뀌어도 변치 않는 생존의 길이다. 나아갈 때와 멈출 때, 지켜야 할 것과 버려야 할 것을 분별할 수 있는 안목이야말로 리더와 개인 모두에게 가장 중요한 자산이다. 작은 변화라도 올바른 방향으로 이어간다면 그것이 곧 큰 개혁의 시작이 된다. 지금의 자리에 안주하지 말고, 더 나은 내일을 위해 두려움 없이 변화를 선택해야 한다.

"고칠 마음이 있다면,
천 리 길도 마다하지 않는다."

012

환난을 예방하는
뜻에 대하여

 인생에 위기를 대처하는 데 있어서 가장 중요한 것은 눈앞의 보이지 않는 위험을 미리 살피고 대비하는 일이다. 작은 균열을 방치하면 결국 큰 구멍이 되듯, 환난 또한 사소한 징조에서 비롯된다. 그러나 사람은 눈앞에 당장 위급해 보이는 게 없으면 쉽게 방심하고, 일이 터진 뒤에야 부랴부랴 수습하려 든다. 개인의 삶에서도 그렇고, 나라의 정치도 마찬가지다. 그래서 옛 성현들은 늘 "환난을 예방하라."고 강조했다. 일이 닥치기 전에 미리 덕을 닦고, 제도를 바로잡아야 오래도록 편안할 수 있다고 보았던 것이다. 율곡 이이도 성학집요에서 이렇게 말했다. "신은 이렇게 생각합니다. 사람은 곧 천지의 마음입니다. 임금이 선정을 베풀어 백성을 바르게 다스리면, 그 화평한 기운이 하늘에 감응하여 좋은 상서로운 징조가 나타나고, 임금이 도리에 어긋난 정치를 자주 하면 괴이한 기운이 하늘에 감응하여 재앙이 생깁니다. 그렇다고 하늘이 스스로 어떤 마음을 가진 것은 아니고, 결국 사람의 행위가 불러온 결과일 뿐입니다. 여기에는 일정한 법칙과 변화가 있습니다. 원칙적으로는, 선을 행하면 복과 좋은 징조가 오고, 악을 행하면 재앙이 오는 것이 마땅한 이치입니다. 그러나 선을 행해도 곧바로 좋은 징조가 나타나지 않거나, 악을 저질러도 곧바로 재앙이 내리지 않는 경우도 있습니다. 이것이 이치가 변하는 현상입니다. 위대한 지도자는 재앙이 나타났을 때 그것을 경계 삼아 스스로 몸을 닦고 반성하므로, 재앙이 오히려 길조로 바뀝니다. 그러나 어리석고 어두운 임금은 재앙이 당장 나타나지 않는다고 안심하고, 예전의 잘못된 습관에 젖어있습니다. 이는 결국 더 큰 재앙을 불러오게 됩니다. 이것은 반드시 그렇게 흘러가는 필연적인 결과입니다. 하늘은 꾸민 겉모습에는 응하지 않고 오직 진실에만 응합니다. 임금이 진실한 마음으로 덕을 닦는다면, 나라의 위태로움을 평안하게 만들고, 혼란을 다스리며, 멸망할 상황에서도 나라를 보존할 수 있습니다. 그렇게 하면 어떤 재앙도 막아내지 못할 이유가 없습니다. 그러나 겉으로만 두려워하는 체하면서 실제로는 내적으로 반성하고 덕을 닦는 진실함이 없으면, 하늘의 노여움을 돌릴 수 없고 나라의 위기를 구제할 수도 없습니다. 임금은 나라가 평안할 때도 평상시부터 도덕적이고 바른 정치를 준비하고, 깊이 환난을 예방하여 나라를 오래 안정시키고 영구히 편안하게 하는 것을 목표로 삼아야 합니다. 하물며 이미 재앙과 변고가 나타나 경고를 주고 있을 때는 말할 것도 없습니다. 보통 사람들도 눈앞에 걱정거리가 있으면 잠시 삼가지만, 예상치 못한 환난이 오면 미처 대비하지 못합니다. 그래서 재앙이 막 시작될 때는 보통 임금이라도 놀라 경계하지만, 재앙이 자주 일어나면서도 당장 눈앞에 큰 화가 나타나지 않으면 곧 익숙해져 두려워하지 않게 됩니다. 그러나 사람들은 알지 못합니다. 잘못에 대한 벌이 빨리 찾아오면 피해가 크지 않지만, 늦게 오면 오히려 화가 크게 된다는 사실을요. 재앙이 이미 커져 나라가 멸망할 기운이 드러난 뒤에는, 비록 마음을 고치고 덕을 닦으려 해도 소용이 없습니다. 예로부터 나라가 망한 자취를 살펴보면 모두 이와 같아 슬프기만 합니다."

율곡 이이의 말처럼 오늘을 살아가는 우리 역시 이 교훈을 가볍게 여겨서는 안 된다. 위기는 언제나 갑자기 오는 것이 아니라, 작은 징조와 신호를 보내며 다가온다. 기업이든, 개인이든, 사회든 마찬가지다. 작은 신호를 무시하고 안일하게 넘기면, 그것이 쌓여 큰 재앙이 되어 돌아온다. 반대로, 사소해 보이는 문제에도 귀 기울이고 미리 대비한다면 큰 화를 막을 수 있다. 이는 단지 국가 경영에만 해당하는 말이 아니라, 개인의 삶과 인간관계에도 그대로 적용된다. 건강을 잃기 전에 몸을 돌보고, 관계가 깨지기 전에 대화를 통해 풀어가며, 작은 잘못이 커지기 전에 스스로를 반성하는 것이다.

율곡 이이가 "하늘은 꾸밈이 아닌 진실에 응한다"라고 한 말처럼, 우리의 삶도 즉흥적으로 고치고 꾸며내는 삶에 길을 열어주는 것이 아니라, 진실한 마음으로 평소에 돌아보고 열심히 나아가는 사람에게 길을 열어준다. 그러니, 큰일이 나기 전에 사소한 것들에도 신경 쓰고 아껴주며 돌아보는 마음을 가져보길 바란다.

"잘못에 대한 벌이 빨리 찾아오면 피해가 크지 않지만, 늦게 오면 오히려 화가 크게 된다."

기강을 세워야 함에 대하여

 우리는 사회를 바라볼 때, 제대로 돌아가고 있는지 보려면 겉으로 보이는 정책이나 발전하는 것을 보기보다, 그 밑바탕에 깔린 질서와 원칙이 얼마나 제대로 지켜지고 있는지를 먼저 살펴야 한다. 아무리 겉으로 평화롭고 안정된 듯 보여도, 내부의 기강이 무너져 있다면 언제든 무너질 수 있기 때문이다. 율곡 이이도 기강을 먼저 잡아야 한다고 보았는데 이에 대해 이렇게 말했다. "훌륭한 의사는 사람의 겉모습이 수척하거나 비

대하다고 하여 단정하지 않습니다. 오직 맥을 짚어 건강의 근본을 살핍니다. 마찬가지로 나라를 다스리는 자는 나라가 겉으로 평안해 보이는지, 당장의 위태로움이 있는지를 살피기보다, 기강이 제대로 서 있지를 먼저 확인해야 합니다. 누가 말하기를, 천하를 사람에 비유하면 나라의 '안위'는 몸의 비대와 수척에 해당하고, '기강'은 맥과 같다 했습니다. 맥이 건강하면 아무리 수척해도 문제없지만, 맥이 병들면 아무리 비대해도 결국 죽음에 이르듯, 나라 역시 기강이 바로 서야만 장구할 수 있다는 것입니다. 나라의 겉모습만 보고 안심할 것이 아니라, 질서와 제도가 살아 움직이는지를 살피라는 뜻입니다. 아무리 당장 큰 일이 없어 보여도, 기강이 무너져 있으면 그것은 마치 맥이 병든 몸과 같아 언제 무너질지 모릅니다. 반대로 당장 어려움이 닥쳐도 기강만 제대로 서 있다면 다시 회복하고 발전할 수 있습니다. 결국 나라의 안위는 기강에 달려 있고, 기강은 모든 구성원이 자기 자리에서 질서를 지키며 운영될 때 바로 세워집니다."

오늘날 사회를 보더라도 이 원리는 다르지 않다. 기업이든 조직이든 겉으로 화려한 성과를 내세우더라도 내부의 규율과 원칙이 무너져 있다면 그것은 오래가지 못한다. 눈앞의 실적이나 성과는 일시적으로 드러나는 현상일 뿐, 그 근본이 흔들리면 작은 충격에도 쉽게 무너진다. 반대로 당장은 어려움을 겪고 손해를 보는 듯해도 내부의 기강이 바로 서 있다면 시간이 흐를수록 다시 일어나고 더 크게 발전할 수 있다. 그래서 리더에게 가장 중요한 것은 성과보다 기강을 먼저 살피고 세우는 일이다. 기강이란, 단순히 규칙을 따르라고 하는 것이 아니라, 출근 시간은 엄격히 지키라고 하면서, 정작 퇴근은 제때 보내주는지, 성과에 따른 적절한 배분을 하는지와 같이, 구성원 모두가 자신의 자리에서 맡은 바를 지키고 서로를 존중하는 분위기를 만드는 것이다. 작은 무질서가 반복되면 곧 큰 혼란으로 이어지고, 작은 성실이 쌓이면 큰 신뢰로 이어지기 때문이다. 결국 나라든 조직이든, 또 개인의 삶에서도 오래가는 힘은 겉모습이 아니라 기강이라는 보이지 않는 근본에 달려 있다.

"당장 큰 일이 없어 보여도,
기강이 무너져 있으면 그것은
마치 맥이 병든 몸과 같아 언제 무너질지 모른다."

Chapter. 04

격몽요결

율곡 이이

001

학문을
왜 배워야 하는가

 학생 시절, 누구나 한 번쯤은 마음에 맞지 않는 과목이나 지루한 교양 수업을 들으며 "내가 이걸 왜 들어야 하지? 돈이 되는 것도 아닌데 굳이 배워야 할까?"라는 생각을 해본 적이 있을 것이다. 그러나 시간이 흐른 뒤 돌아보면, 그런 생각이야말로 짧은 시야에서 나온 오만함이었음을 깨닫게 된다. 율곡 이이 역시 젊은이들이 학문을 가볍게 여기고 지루해하는 것을 안타깝게 여겼다. 그래서 올바른 배움의 길을 열어 주고자 『격몽요결』을 지었다. 학문의 근본이 무엇이며, 왜 공부해야 하는지를 일깨워 주기 위해서였다. 율곡은 『격몽요결』에서 학문을 그저 지루하다고 생각하는 이들에게 이렇게 말한다. "사람이 세상에 태어나 학문을 하지 않으면 사람답게 살 수 없다. 여기서 말하는 학문이란, 특별하거나 신기한 것이 아니다. 아버지는 자애로워야 하고, 자식은 효도해야 한다. 신하는 임금에게 충성해야 하고, 부부 사이는 분별이 있어야 하며, 형제는 우애해야 하고, 젊은이는 어른을 공경해야 하며, 친구끼리는 믿음과 신의를 지켜야 한다. 일상의 모든 일에서, 그 상황에 따라 마땅한 도리를 지키면 된다. 학문은 그저 이런 것을 행하는 것이지, 심오하고 신비한 것에 마음을 두거나, 기이한 것을 추구하는 것이 아니다. 하지만 학문을 하지 않은 사람은 마음이 막혀 있고 식견이 좁아, 무엇이 옳은지 제대로 알기 어렵다. 그러므로 반드시 책을 읽고 이치를 연구하여, 어떻게 살아야 하는지를 깨달은 뒤에야 올바른 학문을 할 수 있고, 실천이 합당해진다. 요즘 사람들은 학문이 일상생활 속에 있다는 사실을 알지 못하고, 괜히 높고 멀어서 실천하기 어려운 것으로 생각한다. 그래서 '특별한 사람이나 하는 일'이라 여기고, 자신은 아예 포기해 버린다. 참으로 안타까운 일이다."

율곡 이이가 말한 것처럼 모든 것에는 반드시 '기초'가 있다. 그런데 우리는 종종 눈앞의 결과만 보며 쉽게 오만한 생각을 한다. 공부를 오직 입시나 취업에만 연결 지어 생각하는 것이 대표적이다. 그러다 보니 직접적으로 돈이 되지 않거나 당장 쓰임새가 보이지 않는 공부는 가치 없다고 여겨버린다. 하지만 진짜 공부의 힘은 당장의 쓰임이 아니라 시간이 지나면서 서서히 드러난다. 어려운 철학책을 읽으며 바로 돈을 버는 법을 배우는 것은 아니지만, 그 과정에서 사고력이 길러지고 세상을 보는 눈이 넓어진다. 수학의 복잡한 공식을 푸는 일이 생활에 직접 필요하지 않을 수도 있지만, 문제를 끝까지 파고드는 훈련을 통해 끈기와 분석력이 자란다. 이것이 바로 기초가 가진 힘이다. 기초가 튼튼

하면 새로운 지식을 쌓을 때도 흔들리지 않고, 예상치 못한 어려움이 와도 쉽게 무너지지 않는다. 반대로 기초가 부족하면 아무리 번지르르한 성과를 내더라도 오래 가지 못한다. 율곡이 『격몽요결』에서 강조한 것도 바로 이 점이다. 학문을 지루하게 여기며 건너뛰려는 태도는 결국 자기 삶을 허약하게 만드는 지름길이다. 그러니 눈앞의 이익에만 얽매이지 말고, 당장은 무의미해 보이는 공부라도 차근차근 쌓아야 한다. 시간이 흐르면 그것이 나를 지탱해주는 토대가 되고, 삶의 어떤 풍파에도 흔들리지 않는 힘이 되어줄 것이다.

> **"학문을 하지 않은 사람은
> 마음이 막혀 있고 식견이 좁아,
> 무엇이 옳은지 제대로 알기 어렵다."**

먼저 뜻을 세워야 하는 이유

율곡 이이의 『격몽요결』에 보면 이런 말이 나온다. "처음 학문을 배우는 사람은 먼저 뜻을 세워야 하며, 그 뜻은 반드시 "성인이 되겠다(인격적으로 가장 성숙하고, 지혜롭고, 타인을 이롭게 하는 사람이 되겠다)"라는 목표여야 한다. 조금이라도 스스로를 하찮게 여겨 물러나려는 마음을 가져서는 안 된다. 모든 사람은 본성이 성인과 같다. 기질에는 맑고 탁함, 순수함과 혼탁함의 차이가 있을 수 있지만, 참되게 배우고 실천하여 오래된 나쁜 습관을 버리고 본래의 본성을 되찾으면, 조금도 부족함 없이 모든 선함을 갖출 수 있다. 그렇다면 어찌 보통 사람이라고 해서 성인이 될 마음을 품지 않겠는가. 맹자가 성선설(사람의 본성은 본래 착하다는 이론)을 주장한 것도 거짓이 아니다. 사람의 본성은 원래 선하며, 예나 지금이나, 지혜로운 사람이나 어리석은 사람이나 본성에는 차이가 없다. 그런데 왜 어떤 사람은 성인이 되고, 나는 평범하게 남는가? 그것은 뜻이 서지 못하고, 앎이 분명하지 못하며, 실천이 독실하지 못하기 때문이다. 뜻을 세우는 것, 분명히 아는 것, 그리고 독실히 실천하는 것은 모두 나 자신에게 달린 것이지 다른 데서 구할 일이 아니다. 사람의 얼굴 생김새는 못난 것을 예쁘게 바꿀 수 없고, 체력은 약한 것을 강하게 바꿀 수 없으며, 키는 작은 것을 크게 바꿀 수 없다. 이런 것은 타고난 한계라 바꿀 수 없다. 그러나 마음과 뜻은 어리석음을 지혜롭게 바꿀 수 있고, 부족함을 훌륭하게 바꿀 수 있다. 이는 마음이 본래 비어 있고 신령스러워서 타고난 조건에 매이지 않기 때문이다. 세상에 지혜보다 아름다운 것이 없고, 어짊보다 귀한 것이 없는데, 어찌하여 지혜롭고 어질게 되지 못해 하늘이 준 본성을 스스로 망치겠는가? 사람이 이런 뜻을 품고 결코 물러서지 않는다면, 도(道)에 가까운 사람이라 할 수 있다. 보통 사람들은 뜻을 세웠다고 하면서도 노력하지 않고, 미루고 게으름을 부린다. 이는 뜻만 말할 뿐, 참으로 성심껏 배우려는 마음이 없기 때문이다. 내가 학문에 뜻을 두었다면, 착한 일을 실천하는 것은 전적으로 나 자신에게 달려 있으므로, 하고자 하면 당장 할 수 있다. 남을 통해 얻으려 하거나, 나중을 기다릴 이유가 없다. 뜻을 세우는 것이 귀한 이유는 공부를 시작한 뒤에는 혹시라도 목표에 이르지 못할지 두려워하며, 한순간도 그 마음을 물러서지 않게 하는 데 있다. 만약 뜻이 성실하지 않고 그저 세월만 흘려보낸다면, 늙어 죽을 때가 되어도 아무 성취 없이 끝나게 될 것이다."

그렇다. 사람은 타고난 조건을 바꿀 순 없지만, 마음과 의지는 끝없이 단련할 수 있다. 그래서 율곡이 강조한 것은 재능이 아니라 뜻이었다. 실제로 주변 사람들을 보면 특별히 뛰어난 능력이 없어도 포기하지 않고, 꾸준히 배움을 이어가는 사람이 결국 남다른 성과를 거두곤 한다. 반대로, 좋은 조건을 가지고도 뜻이 없고 게으름과 자기 합리화로 시간을 흘려보내는 사람은 아무것도 이루지 못한다. 결국, 중요한 것은 뜻을 세운 뒤 물러서지 않는 성실함이다. 그래서 부족함을 탓하며 실패를 두려워하기보다, 지금 당장 할 수 있는 작은 일을 실천하며 내 뜻을 지켜가야 한다. 두려움은 하지 않을 때 생기며, 움직이는 순간 사라지게 된다. 그러니, 뜻을 둔 사람이라면 두려워 말고, 목표를 향해 나아가는 과정 자체를 즐겨 보길 바란다. 피곤하다면 피곤함을 즐기고, 어려우면 어려운 걸 즐겨라. 즐기는 마음으로 임하다 보면 어느 순간 바라던 종착지에 도착해 있을 것이다.

**"사람들은 뜻을 세웠다고 하면서도 노력하지 않고,
미루고 게으름을 부린다.**

이는 뜻만 말할 뿐,
참으로 성심껏 배우려는 마음이 없기 때문이다."

배움을 방해하는
8가지 나쁜 습관

 율곡 이이는 사람이 비록 학문에 뜻이 있어도 그것을 성취할 수 없는 이유는 옛 습관이 방해해서라고 보았다. 그는 배움을 방해하는 8가지 나쁜 습관에 대해 말했는데 그 습관은 이러하다. "첫째, 뜻을 게을리하고, 그 몸가짐을 함부로 하고, 편히 지낼 것만 생각하고, 구속되기를 몹시 싫어하는 것. 둘째, 항상 돌아다닐 생각만 하고, 조용히 안정하지 못하며, 분주히 드나들며 떠들면서 세월을 보내는 것. 셋째, 같은 것은 즐기고 다른 것은 미워하여, 속된 데로 빠져들었다가 좀 경계해 보자니 무리와 어긋날까 두려워지는 것. 넷째, 글을 꾸미기를 좋아하여 세상에서 칭찬받기를 좋아하며, 경전의 글을 따다 문장을 화려하게 꾸미는 것. 다섯째, 편지 글을 짓고 거문고 타고 술 마시는 것을 일삼으며 일없이 세월을 보내면서도 스스로는 깨끗한 운치라 여기는 것. 여섯째, 한가한 사람들을 모아 놓고 바둑이나 장기 두기를 즐기며 종일토록 배불리 먹을 것을 다투는 데만 쓰는 것. 일곱째, 부귀를 부러워하고 빈천을 싫어하여 나쁜 옷을 입고 거친 음식 먹는 것을 수치스럽게 여기는 것. 여덟째, 놀고자 하는 마음을 절제하지 못하여, 금전의 이익과 노래와 여색을 꿀맛처럼 달게 여기는 것이다. 이처럼 옛 습관 중에 마음을 해치는 것이 대개 이와 같은데 그 나머지는 다 열거하기 어렵다. 이러한 습관은 사람의 뜻을 견고하지 못하게 하고 행실도 독실하지 못하게 한다. 오늘 한 것은 내일도 고치기 어렵게 하고 아침에 후회하였던 행동을 저녁에 다시 저지르게 하니, 모름지기 용맹스러운 뜻을 크게 떨쳐 한칼에 나무를 뿌리째 베 버리는 것처럼 해야 하며, 마음을 깨끗이 씻어 털끝만한 찌꺼기도 없도록 해야 한다. 그리고 때때로 통렬히 반성하여, 마음에 한 점도 더러움이 없게 된 뒤에야 학문에 나아가는 공부를 논할 수 있을 것이다."

율곡 이이가 말한 여덟 가지 나쁜 습관인 게으름, 방탕함, 군중 심리, 허영, 쾌락, 사치, 유희 그리고 욕망은 모두 스스로 합리화하며 나아가려는 발걸음을 번번이 가로막는 것들이다. 그래서 우리는 이런 것에 쉽게 마음을 내어주지 않도록 조심해야 한다. 물론 이런 것들을 하지 않으면 인생의 재미를 어디서 느끼나 싶을 수도 있다. 하지만 율곡 이이가 말하는 것은 내가 반복하는 것이 나를 만들기 때문에 습관이 되지 않도록 이것들에 마음을 내어주지 말라는 것이다. 사람의 인생을 100이라 치면 삶을 이루는 80퍼센트는 우리의 습관으로 이루어진다. 그렇기에 그 습관이 나를 현명하고 행복하게 하는 습관이라면 행복한 사람이 될 것이고, 반대로 그 습관이 불행하고, 시기하고 질투하는 것이라면 내 인생은 불행한 사람이 될 것이다. 우리의 인생의 모든 것은 한 번에 의해 변하는 것이 아닌 '빈도'에 의해 달라진다. 그래서 행복하고 싶다면 행복의 빈도를 높이고, 성공하고 싶다면 성공의 빈도를 높여야 한다. 당신은 어떤 습관의 빈도를 갖고 있고, 또 어떤 좋지 못한 습관을 지녔는지 잘 생각해 보길 바란다.

**"비록 학문에 뜻이 있어도
그것을 성취할 수 없는 이유는
옛 습관이 방해함이 있어서다."**

004

몸과 마음을
다스리는 방법

몸과 마음을 다스리는 방법에 대해 율곡 이이는 이렇게 말했다. "학문을 하기 위해서는 반드시 거짓 없이 바른길을 따라가야 하며, 세속의 잡다한 일로 뜻이 흐려지지 않아야 학문의 기초가 세워진다. 그래서 학문을 시작하려면 충(마음을 다해 성실함)과 신(거짓말하지 않으며 약속과 믿음을 지킴)을 근본으로 삼아 용감히 공부를 시작해야 성취할 수 있다. 학문하는 사람은 항상 일찍 일어나고 늦게 자며, 옷차림을 바르게 하고, 얼굴빛과 태도는 엄숙해야 한다. 두 손을 바르게 모으고 꼿꼿이 앉으며, 걸음은 차분하고 말은 신중해야 하며, 모든 행동은 경솔하거나 가볍게 넘겨서는 안 된다. 몸과 마음을 가다듬는 데는 구용(아홉 가지 몸가짐)이 으뜸이고, 학문과 지혜를 넓히는 데는 구사(아홉 가지 생각)가 으뜸이다."라고 말했다. 그가 말한 구용과 구사는 이러하다.

- **구용(九容)**
    1. 걸음은 무겁게 하라.
    2. 손은 공손히 모으고 함부로 움직이지 말라.
    3. 눈은 바르게 하고 간사하게 보지 말라.
    4. 입은 다물고 필요할 때만 열라.
    5. 소리는 고요하게 하라.
    6. 머리는 곧게 세워라.
    7. 호흡은 정숙히 하라.
    8. 설 때는 덕스럽게 하라.
    9. 얼굴빛은 장엄하게 하라.

- **구사(九思)**

    1. 보는 것은 밝게 하라.
    2. 듣는 것은 총명하게 하라.
    3. 안색은 온화하게 하라.
    4. 태도는 공손하게 하라.
    5. 말은 충성스럽게 하라.
    6. 일은 경건하게 하라.
    7. 의문이 생기면 물어라.
    8. 화가 나면 어려움을 생각해 다스려라.
    9. 이익을 보면 의리에 맞는지 살펴라.

율곡 이이는 위의 구용과 구사를 항상 기억하며 조금도 방심하지 말고, 자주 되새겨야 한다고 말했다. 그러곤 이어서 말하길 "예가 아니면 보지도, 듣지도, 말하지도, 행동하지도 말라는 말은 수신(修身)의 요점이다. 예와 비예를 처음으로 배우기 시작한 사람은 분간하기 어려우니 반드시 이치를 깊이 궁구해 밝혀야 한다. 알게 된 것을 힘써 실천하면, 도의 경지에 반 이상 도달한 것이다. 학문은 일상 속에 있다. 평소에 공손히 살고 경건하게 일을 처리하며, 충으로 사람을 대하는 것이 곧 학문이다. 책을 읽는 것은 이런 이치를 밝히기 위함일 뿐이다. 의복은 사치하지 말고, 추위를 막을 정도로만 하라. 음식은 배고픔을 면할 정도면 충분하다. 거처는 병이 나지 않을 정도면 족하다. 하지만 오직 학문에 힘쓰고, 마음을 바르게 하고, 예의를 지키는 일만은 날마다 힘써야 한다. 가장 중요한 공부는 사사로운 욕심을 이기는 것이다. 내 마음이 좋아하는 것이 하늘의 이치에 맞지 않으면 버려야 한다. 성적인 유혹, 이익, 명예, 벼슬, 편안함, 놀음, 보물 등을 좋아하는 마음이 양심과 바른 이치에 맞지 않으면 미련 없이 전부 없애야 한다. 또한 말이 많고 생각이 많은 것은 해롭다. 일이 없을 땐 차분히 앉아 마음을 지켜내고, 남을 대할 때는 말을 가려 간결하게 하라. 옷차림은 예의에 맞게 하고, 행동은 덕스럽고 옳은 일만 하라. 타인의 시선에 휘둘리지 말아야 하며, 노름하는 곳이나 음란한 자리, 법도를 잃는 술자리 등은 멀리하라. 음식은 절제하고, 말과 웃음은 신중히 하며, 행동은 차분하게 하라. 일이 생기면 이치에 맞게 처리하고, 혼자 있을 때나 여러 사람 앞에서나 같은 마음가짐을 지녀라. 또한 한 가지 불의를 저지르고, 한 사람의 무고한 사람을 죽여서 천하를 얻더라도 불의를 하지 않겠다는 마음을 늘 지녀라. 마음을 바르게 세워 기본을 다지고, 이치를 깊이 따져서 무엇이 옳은지 밝히고, 그 옳음을 꾸준히 실천하라. 그리고 마음 속에 나쁜 생각이 없고, 언제나 공경하는 태도를 잃지 않는 것은 평생 지켜야 할 원칙이다. 매일 마음을 잃지 않았는가, 배움에 진전이 있었는가, 행실에 게으름이 없는가를 점검하고, 잘못이 있으면 고치고 없으면 더욱 힘써 죽을 때까지 부지런히 하라."라고 말했다.

그의 이런 딱딱한 마음을 다스리는 방법은 작은 것에 조금이라도 마음을 내어주지 않겠다는 다짐이었다. 사람이란 게 작은 마음을 내어주면, 점점 익숙해져 조금 더 내어주게 되고, 조금 더 내어주다 보면 큰 것을 내어주게 되어 있다. 그래서 옛사람들은 작은 욕심 하나, 작은 욕망 하나도 허투루 넘기지 않았다. 남녀칠세부동석(男女七歲不同席)이라는 말이 있는 것도 하나의 예시다. 처음엔 사소해 보이지만 그것이 쌓여 결국 그 크기를 바꾸기 때문이다. 그래서 만약 자신이 정말 큰 꿈을 갖고 있다면, 혹은 유명해지고 싶다면 이런 사소한 욕망을 내어주지 않는 법을 배워야 한다. 인생은 뿌린 대로 거두는 법이니, 지금의 나는 어떤 행실을 하는지 돌아보고, 더 나은 사람이 되기 위해 지금부터 잘 가꾸고 스스로를 단련하길 바란다.

"매일 마음을 잃지 않았는가, 배움에 진전이 없는가, 행실에 게으름이 없는가를 점검하고, 잘못이 있으면 고치고 없으면 더욱 힘써 죽을 때까지 부지런히 하라."

005

책을 현명하게
읽는 방법

　책을 현명하게 읽는 방법은 무엇일까? 많은 책을 읽는 것이 곧 지혜를 준다고 믿는 사람이 많지만, 독서는 양이 아니라 마음가짐과 태도에서 그 차이가 드러난다. 율곡 이이도 책을 많이 읽는 것보다는 얼마만큼 삶에 적용하는가가 가장 중요하다고 보았는데 그가 말하길 "배우는 사람은 언제나 바른 마음을 지켜서, 세상일에 휘둘리지 않아야 한다. 그렇기에 이치를 깊이 생각해 무엇이 옳은지 밝힌 다음에야, 마땅히 가야 할 길을 눈앞에 분명히 하고 나아갈 수 있다. 바른 삶을 살기 위해서는 무엇이 옳고 바른지, 그 근본을 깊이 파고들어 알아보는 것이 먼저이고, 이것을 파고드는 데에는 책을 읽는 것이 먼저다. 왜냐하면 위대한 사람들이 어떤 마음으로 살았는지, 본받아야 할 좋은 점과 경계해야 할 나쁜 점이 모두 책 속에 있기 때문이다. 그래서 책을 읽을 때는 단정하게 앉아 공경하는 마음으로 대하고, 마음과 뜻을 다해 깊이 생각하며 그 의미를 깨달아야 한다. 그리고 구절마다 '이걸 어떻게 실천할까?'를 반드시 생각해야 한다. 입으로만 읽고, 마음으로 느끼지 못하며, 행동으로 옮기지 않는다면 글은 글이고 나는 나일 뿐, 아무 소용이 없기 때문이다."라고 했다.

그래서 우리가 책을 읽을 때는 그저 "그렇구나"하며 넘기기보다는 "내 삶에 어떻게 적용시킬까?", "이것이 나에게 어떤 도움이 될까?" 생각하며 읽고 또 적용시켜 보아야 한다. 율곡 이이는 책도 읽는 순서가 있다고 보았다. 그래서 그는 그 순서를 나열했는데 그 책은 지금

볼 수 없으니, 그 순서에 맞게 어떤 주제를 두고 순서대로 봐야 하는지 보길 바란다.

1. 《소학》을 읽어 부모를 섬기고, 형제를 공경하며, 임금에게 충성하고, 어른을 공손히 대하며, 스승을 존경하고, 친구와 잘 지내는 방법을 배워야 한다.
2. 《대학》과 《대학혹문》을 읽어 이치를 깊이 생각하고, 마음을 바르게 하며, 자신을 닦고, 사람을 다스리는 도리를 익혀야 한다.
3. 《논어》를 읽어 어질음을 구하고, 인격을 기르는 공부와 본성을 함양하는 방법을 배워야 한다.
4. 《맹자》를 읽어 의롭고 이로운 것을 구분하고, 인간의 욕심을 막으며 하늘의 이치를 지키는 방법을 배워야 한다.
5. 《중용》을 읽어 성품과 감정을 바르게 하고, 만물이 자라는 이치를 깊이 이해해야 한다.
6. 《시경》을 읽어 감정이 바른지 그른지를 살피고, 선을 칭찬하며 악을 경계한 내용을 통해 스스로를 경계해야 한다.
7. 《예경》을 읽어 하늘의 이치가 질서 있게 드러나는 법과 사람

이 지켜야 할 규범을 알아야 한다.
8. 《서경》을 읽어 요순, 하·은·주나라 임금들이 나라를 다스린 큰 법과 계획을 배우고 그 근본을 이해해야 한다.
9. 《주역》을 읽어 길흉, 존망, 진퇴, 성쇠의 기미를 살펴야 한다.
10. 《춘추》를 읽어 성인의 뜻과, 착한 일을 높이고 잘못은 억누르는 기준을 배워야 한다.

이것의 핵심 주제만 본다면 순서는 이러하다. [1. 인간관계의 기본 → 2. 자기 수양과 리더십 → 3. 인격 수양 → 4. 옳은 것과 이로운 것의 구분 → 5. 성품과 감정 → 6. 감정과 도덕적 판단 → 7. 규범과 질서 → 8. 정치와 국가 경영 → 9. 변화와 판단 → 10. 옳고 그름을 가리는 성인의 지혜] 이렇게 번갈아 읽고 끊임없이 공부하면, 옳고 바른 도리와 세상의 이치가 날마다 더 분명해지고 확실해질 것이라고 율곡 이이는 말한다. 또한 그가 말하길 "여유가 있으면 성리학 서적과 역사책을 읽어 옛날과 지금의 일과 변화를 살피고 식견을 넓혀야 한다. 하지만 바르지 못한 책이나 이단의 책은 잠깐

이라도 펼쳐 보지 말아야 한다. 책을 읽을 때는 반드시 한 권을 충분히 읽어 뜻을 완전히 이해하고 의심이 없게 한 뒤에 다른 책으로 넘어가야 한다. 욕심내서 많이 읽으려 하고, 건질 것만 찾으려 하면서 이 책 저 책 건너뛰듯 읽는 것은 바람직하지 않다."라고 말했다. 이를 보아 결국 중요한 건, 얼마나 많은 책을 읽느냐보다는 그 책에서 말하고자 하는 뜻을 이해하고 정확하게 아는 것이 중요하다는 것이다.

006

효도는
어떻게 해야 하는가

　요즘 사람들 중 부모에게 마음 깊이 효도하는 이는 많지 않다. '효'라는 글자는 알지만, 그 뜻을 생활 속에서 실천하는 경우가 드물기 때문이다. 물론, 사회적으로 혼자 먹고 살기에도 바쁜 세상에 살고 있기 때문에 신경 쓸 겨를이 없기도 하다. 하지만, 우리는 부모님의 은혜를 잊지 않고 살아야 한다. 바쁜 일상 속에서 부모님의 안부를 묻는 일마저 하루하루 미뤄지고, 함께하는 시간이 줄다 보면 어느새 부모님을 모실 날이 얼마 남지 않았다는 사실을 깨닫게 된다. 율곡 이이는 격몽요결에 부모님을 대해야 하는 태도에 대해 이렇게 적어 놨다.

"사람이 부모님께 효도해야 한다는 사실은 누구나 알지만, 실제로 효도를 실천하는 사람은 드물다. 그 이유는 부모님의 은혜가 얼마나 깊은지 제대로 알지 못하기 때문이다. 《시경》에는 "아버지는 나를 낳아 주시고, 어머니는 나를 길러 주셨으니, 이 은혜를 갚으려 해도 하늘처럼 넓고 끝이 없다."라고 했다. 자식이 태어날 때의 목숨과 몸은 부모님이 물려주신 것이고, 지금 숨 쉬고 혈맥이 이어지는 것도 부모님이 남겨 주신 기운이다. 그러니 이 몸은 내 것이 아니라 부모님의 것이다. 그래서 《시경》에 "슬프다, 부모께서 나를 낳아 기르시느라 얼마나 고생하셨는가"라고 한 것이다. 이렇게 깊은 은혜를 받았는데, 어떻게 제 마음대로 하며 효도를 게을리할 수 있겠는가. 이 마음을 늘 간직한다면 저절로 부모님을 성실히 섬기게 된다. 그래서 부모님을 모실 때는 어떤 일이라도 제 뜻대로 하지 말고 반드시 허락을 받고 해야 한다. 설령 해야 할 일이라도 부모님이 허락하지 않으시면, 이유를 잘 설명드려 동의를 얻은 후에 행해야 하고, 끝까지 허락하지 않으시면 억지로 해서는 안 된다. 또한 아침에는 해 뜨기 전에 일어나 세수하고 머리를 단정히 빗고 옷차림을 갖춘 후 부모님께 나아가, 표정은 공손하게, 목소리는 부드럽게 하여 더우신지 추우신지 여쭤야 하며, 저녁에는 어두워지면 부모님 방에 가서 이불을 정리해 드리고, 따뜻한지 서늘한지를 살펴야 한다. 평소에도 항상 화평하고 기쁜 얼굴로 공경하게 응대하며, 곁에서 모실 때는 정성을 다하고, 출입할 때는 반드시 절과 인사를 드려야 한다. 지금 사람들은 대부분 부모에게 의지하고 자기의 능력으로 부모를 봉양하지 못하니, 만약 이렇게 세월만 보내다 보면 끝내 부모를 모실 날이 없을 것이다. 가능한 한 집안일을 맡아 스스로 맛있는 음식을 준비해 드리는 것이 자식 된 도리다. 만약 직접 하지 못하더라도 부모님 드실 음식을 마련하고 입맛에 맞도록 정성껏 해 드려야 한다. 모든 마음을 부모님 봉양에 쏟는다면 반드시 방법을 찾게 된다. 옛날 왕연이라는 사람은 한겨울에 자기 입을 옷조차 없었지만, 부모님에게 만큼은 맛있는 음식을 다 해 드렸다고 하니, 그 효심에 감탄하며 눈물이 날 지경이다. 부모와 자식 사이는 사랑이 지나쳐 공경하는 것이 소홀해지기 쉽다. 옛날의 나쁜 습관을 버리고, 존경하는 마음을 극진히 하여 부모님이 앉거나 누우신 자리에 감히 앉거나 눕지 않고, 부모님이 손님 맞던 곳에서 제 손님을 맞지 않으며, 부모님이 말 타고 오르내리던 곳에서 내가 타고 오르내리지 않아야 한다. 부모님의 뜻이 의리에 어긋나지 않는다면 말씀하시기 전에 먼저 받들어 조금도 어기지 말아야 한다. 만약 의리에 어긋난다면, 화평한 표정과 부드러운 말로 간곡히 말씀드려 반드시 바르게 하시도록 해야 한다. 부모님이 병환에 걸리시면 근심과 염려로 다른 일은 제쳐 두고, 의사에게 묻고 약을 구하는 일에만 힘써야 하며, 병이 나으면 평소처럼 모시면 된다. 효도란 일상에서 한순간도 부모를 잊지 않는 것이다. 몸가짐이 바르지 않고, 말이 법도에 맞지 않으며, 놀고먹으며 세월을 보내는 것은 부모를 잊은 행동이다. 세월은 흐르는 물처럼 빨라 오래 부모님을 모실 수 없다. 그러므로 자식은 정성과 힘을 다하면서도, 혹시라도 부족하지 않은지 돌아봐야 한다. 옛사람의 시에 "부모님을 봉양하는 일은 삼공의 높은 벼슬과도 바꾸지 않겠다"라고 한 말이 있다. 이런 자세로 임하면 부모님을 모실 수 있는 날을 허투루 쓰지 않고 아낄 수 있다."

**"아버지는 나를 낳아 주시고,
어머니는 나를 길러 주셨으니,
이 은혜를 갚으려 해도 하늘처럼 넓고 끝이 없다."**

집안을 바르게 다스리는 법

율곡 이이는 격몽요결에 집안을 바르게 다스리는 법에 대해서도 적었는데 그 방법은 이러하다. "집에 있을 때는 예법을 바탕으로 가족과 집안일을 다스려야 한다. 아내와 자녀, 친척에게 각자의 역할과 책임을 나누어 맡기고, 재물은 들어오는 것과 나가는 것을 살펴 절도 있게 사용하며, 집안 형편에 맞게 생활해야 한다. 꼭 필요한 지출만 하고 사치는 금하며, 항상 여유 자금을 비축해 두어야 한다. 형제는 부모의 유체를 똑같이 받아 나오는 한 몸 같으니, 저와 나의 구별이 없이 생각하여 음식이나 의복이 있든 없든 간에 함께해야 할 것이다. 가령 형은 굶주리는데 아우는 배부르고, 아우가 추위에 떨고 있는데 형은 따뜻하게 입고 있다면, 이것은 한 몸 가운데 한 군데는 병들고 한 군데는 건강한 것이니, 몸과 마음이 어찌 한쪽만 편안할 수 있겠는가. 오늘날 사람들이 형제간에 서로 사랑하지 않는 것은 모두 부모를 사랑하지 않는 데서 비롯한다. 만일에 부모를 사랑하는 마음이 있다면 어찌 같은 부모의 자식을 사랑하지 않겠는가. 형제의 잘못은 화를 내며 책망하기보다, 정성껏 타이르고 깨닫게 해야 한다. 지금의 사람들은 부부 사이에 예의와 공경을 지키는 경우가 드물다. 부부는 서로 버릇없이 대하지 말고, 남편은 온화하되 의로 다스리고, 아내는 유순하되 바르게 남편을 받들어야 한다. 갑자기 바른 예절을 갖추기는 어렵지만, 조금씩 습관을 바꾸어 나가야 한다. 자녀는 어릴 때부터 착한 길로 이끌어야 한다. 어린 시절에 가르치지 않으면 잘못된 습관이 굳어져 고치기 어렵다. 《소학》의 순서에 따라 가르치는 것이 좋으며, 집안에 책과 글공부 외의 쓸데없는 기술이 없어야 학문에 전념할 수 있다. 형제의 자녀도 내 자녀처럼 사랑하고 차별 없이 가르쳐야 한다. 하인에게는 은혜를 먼저 베풀고, 그다음에 위엄을 세워야 한다. 배고프거나 추운 일이 없도록 먹을 것과 입을 것을 챙기고, 잘못이 있으면 먼저 가르쳐서 고치게 해야 한다. 고치지 않을 때만 벌을 주되, 미워서가 아니라 교훈을 주려는 뜻이 담겨야 한다."

율곡 이이가 말한 것처럼 집안을 바르게 다스린다는 것은 왈가왈부하며 옳고 그름을 따지고, 질서를 세우는 일이 아니라, 구성원 모두가 서로를 배려하며 살아가는 기반을 만드는 일이다. 부모에게서 물려받은 혈육과 터전을 존중하는 마음이 바탕이 되어야 하며, 작은 불화나 서운함이 생기더라도 그것을 풀어내고 다시 하나로 모으는 노력이 필요하다. 그렇게 가족부터 잘 풀어갈 줄 아는 사람이라면, 그 기운이 밖으로 번져 사회에서도 바르게 살아갈 수 있다고 말한다. 율곡 이이가 말하는 모든 덕목이 하나같이 주옥같지만, 그중 하나를 고르자면 "고치지 않을 때만 벌을 주되, 미워서가 아니라 교훈을 주려는 뜻이 담겨야 한다."는 말이 정말 중요하다. 오늘날 가족 관계가 좋지 않은 이들은 이 점을 잘 느끼지 못해서 그렇다. 옛날에는 체벌해도 '사랑의 매'라고 배웠지만, 요즘은 '체벌'을 하면 신고하라고 배운다. 이는 많은 부모들이 교훈을 위한 체벌에 감정을 실어서 그렇다. 또 반대로 아이들이 부모의 마음을 헤아리려 하지 않고 일차원적인 생각밖에 하지 못해 만들어낸 결과이다. 이런 진심을 상대에게 전달할 줄 아는 능력과 그 숨은 진심을 알아볼 줄 아는 능력은 가족관계가 아니더라도 매우 중요하다. 인생을 살아갈 때, 나의 마음을 제대로 전달하지 못하거나, 또 타인의 마음을 볼 줄 모르는 사람은 서로의 깊이를 만들 수 없기 때문이다. 그래서, 스스로의 마음을 차분히 전하는 방법을 배워야 하고, 또 누군가가 나에게 화를 내면, 무작정 멀리 두려고 하기보다 자신의 잘못을 객관적으로 돌아보고 상대가 말하는 바를 이해하고 받아들이는 노력을 할 줄 알아야 한다. 즉, 차분히 마음을 전달하고, 또 상대의 진심을 알아보는 이 두 가지의 방법을 알게 된다면 충분히 관계의 깊이를 만들 수 있다는 것이다.

**"잘못이 있으면 먼저 가르쳐서 고치게 해야 한다.
고치지 않을 때만 벌을 주되,
미워서가 아니라 교훈을 주려는 뜻이 담겨야 한다."**

008

사람을
대하는 법

 율곡 이이는 사람을 대하는 법을 이렇게 적어놨다. "사람을 대할 때는 반드시 온화함과 공경심을 갖추어야 한다. 나이가 나보다 두 배 많은 사람은 아버지처럼 섬기고, 10년 위는 형처럼 모시며, 5년 위라도 약간의 공경심을 보여야 한다. 학문을 한다고 해서 자만하거나 기운만 믿고 남을 업신여겨서는 안 된다. 친구를 고를 때는 학문을 좋아하고, 선한 것을 좋아하며, 바르고 엄숙하고 정직하고 성실한 사람을 택해야 한다. 그와 함께 있으면 서로 가르치고 충고하며 나의 결점을 고칠 수 있다. 반대로 게으르고 장난을 좋아하며, 의지가 약하고 말만 번지르르하며 정직하지 않은 사람은 사귀지 말아야 한다. 마을 사람이라면 착한 사람은 친하게 지내고 서로 사정을 알아야 한다. 착하지 않은 고향 사람이라도 그 나쁜 행실을 떠들고 다니지 말고, 그저 무심하게 대하며 왕래하지 말아야 한다. 예전에 알던 사이라도 만났을 때 인사만 하고 다른 이야기는 나누지 않으면 자연히 멀어지고, 원망이나 다툼도 생기지 않는다. 사람은 마음과 기운이 비슷한 사람을 찾게 된다. 내가 학문에 뜻을 두면, 나도 학문하는 선비를 찾게 되고 그들도 나를 찾게 된다. 겉으로는 학문한다고 하면서 집에 잡객이 많고 소란스럽게 지내는 사람은, 사실 학문을 즐기지 않는 사람이다. 비방을 당했을 때는 먼저 자신을 돌아봐야 한다. 정말 비방받을 만한 잘못이 있었다면 스스로 꾸짖고 고쳐야 한다. 잘못이 작더라도 남이 부풀려 말했다면, 그의 말이 지나쳐도 내 잘못이 근거가 된 것이니 철저히 끊어야 한다. 만약 전혀 잘못이 없는데, 지어낸 말이라면, 그런 사람은 망령된 사람이니 상대할 필요가 없다. 헛된 비방은 바람이 스치는 것이나 구름이 떠가는 것과 같으니, 상관하지 말라. 이렇게 보면 비방이 생겼을 때 내게 허물이 있으면 고치고, 없으면 허물을 안 짓도록 더욱 힘쓸 것이니 나에게 유익하지 않은 것이 없다. 만일 그런 비방을 듣고 시끄럽게 자신을 변명하여 자기가 허물이 없는 사람이 되려고만 한다면, 그 허물은 더욱 깊어지고 비방은 더욱 많아질 것이다. 옛날에 어떤 이가 비방을 그치게 하는 방법을 물으니, "비방을 없애는 방법은 자신을 닦는 것이고, 다음은 변명하지 않는 것이다."라고 대답했다. 이를 본보기로 삼아야 한다. 스승·웃어른을 모실 때는 도리나 올바른 이치 중에서 내가 잘 이해하지 못하는 부분이 있으면, 질문하여 그 뜻을 분명히 깨닫고, 마을의 장로를 대할 때는 공손하고 조심하며 말을 아껴야 한다. 그리고 묻는 것이 있으면 정중히 사실대로 대답해야 한다. 친구와 함께 있을 때는 세속적이고 천박한 이야기나, 정치의 득실, 관리가 잘하는지 못하는지에 대한 평가, 다른 사람의 흉이나 좋지 않은 점은 절대 입에 올려서는 안 된다. 마을 사람과 어울릴 때는 그들이 물어보는 것에만 답하되, 끝까지 비속한 말을 하지 않아야 한다. 겉으로 점잖게 행동하더라도 잘난 체하는 기색을 보이지 말고, 오직 착한 말로 이끌어 학문에 뜻을 두게 해 주어야 한다. 나보다 어린 사람에게는 자상하게 효(부모를 섬김), 제(형제 우애), 충(충성), 신(신의)을 설명하여, 그 마음에 선한 뜻이 생기도록 해야 한다. 이런 실천을 꾸준히 하면 마을 풍속이 점점 좋아질 것이다. 항상 온순하고 공손하며 자애로운 마음으로 남을 이롭게 하고 일을 성취하게 해 주어야 한다는 말이다. 반대로 남을 해치거나 일에 손해를 끼치는 일은 털끝만큼도 마음에 두지 않게 해야 한다. 사람은 보통 자기 이익을 위해서라면 남을 해치기까지 하게 되므로, 배우는 사람은 먼저 이익을 탐하는 마음을 버리고 나서야 인(仁, 어질음)을 배울 수 있다."

결국 율곡 이이가 말하는 사람을 대하는 법은, 먼저

나의 마음을 다스리는 데 있다. 온화함과 공경심을 잃지 않고, 선한 벗을 가까이하며, 헛된 말에 흔들리지 않고 스스로를 성찰하는 것이 바탕이 된다. 마음이 바르게 서야 비로소 사람을 대하는 태도에도 품격이 깃들고, 그 태도는 곧 타인이 나를 대하는 방식으로 드러난다. 많은 이들이 타인이 제멋대로 대한다고 생각하지만, 사실 내가 나를 소홀히 대하면 타인도 나를 가볍게 여기고, 내가 존중과 단호함을 함께 보이면 상대 역시 그 경계를 지키려 한다. 그래서 "비방을 없애는 방법은 자신을 닦는 것이고, 다음은 변명하지 않는 것이다."라는 말을 한 번쯤 생각해 보아야 한다. 대부분 비방을 받는 건, 나의 말과 행실이 좋지 않아서 받을 때가 많기 때문이다. 만일 사람들이 종종 자신을 비방한다면, 그것을 의견이나 성격 차이라고 생각해 넘어가지 말고, 자신의 말과 행실이 어땠는지 한 번 되돌아보길 바란다.

**"비방을 없애는 방법은 자신을 닦는 것이고,
다음은 변명하지 않는 것이다."**

009

바른 마음가짐에 대하여

 사람은 누구나 삶을 살아가며 자신이 걸어가야 할 길과, 세상이 요구하는 길 사이에서 갈등한다. 옛날 선비들에게는 그것이 곧 과거 시험이었다. 과거에 합격해야 벼슬길에 나아갈 수 있었고, 벼슬길에 올라야만 비로소 세상을 이롭게 할 수 있다고 믿었기 때문이다. 그래서 율곡 이이는 격몽요결에 '과거 시험'에 대해 이렇게 말했다. "옛날의 벼슬은 이치를 깨달으면 추천을 받아 벼슬에 올랐기에 자기 벼슬을 위한 것이 아니라 백성을 위한 자리였다. 그러나 지금은 과거 시험으로만 인재를 뽑게 되었다. 그래서 비록 하늘의 이치에 통달하고 사람됨이 뛰어난 행실을 지닌 이라도, 과거를 거치지 않으면 출세하여 도를 행할 수 없다. 이 때문에 아버지가 자식을 가르치거나 형이 아우에게 말할 때, 과거 외에 다른 길을 말하기 어려워졌다. 다만, 오늘날 선비가 부모의 바람과 가문의 체면을 위해 과거 공부를 하더라도, 자신의 포부를 기르고, 시기를 기다리며, 잘되고 못됨은 하늘의 뜻에 맡겨야 한다. 벼슬을 탐내어 조급해하거나 애태우며 본뜻을 잃어서는 안 된다. 사람들은 "과거 공부 때문에 학문을 할 수 없다."고 말하지만, 이는 핑계일 뿐이다. 옛사람 중에는 부모를 봉양하기 위해 직접 농사를 짓거나 품팔이를 하고, 쌀을 져 나르는 사람도 있었다. 그렇게 고생하는 가운데 언제 책을 읽을 시간이 있었겠는가. 하지만 그들은 부모를 위해 일하며 자식의 도리를 다했고, 남는 힘으로 글을 배워 덕을 닦았다. 요즘 선비들 가운데는 옛사람처럼 부모를 위해 몸을 써서 애쓰는 이를 찾아보기 어렵다. 그저 부모의 바람이 과거 시험 합격이니, 과거 공부만 일삼는 경우가 많다. 과거 공부는 비록 성리학과는 다르지만, 결국은 앉아서 책을 읽고 글을 짓는 일이다. 농사짓고 품팔이하고 쌀을 지는 일에 비하면 백 배는 편한 일이다. 하물며 부모를 섬기고 남은 힘으로 성리서를 읽는 것이야 말할 것도 없다. 다만, 과거 공부를 하는 사람은 합격·불합격에 마음이 흔들려 늘 조급해지기 쉽다. 그럴 바에는 차라리 마음을 해치지 않는 편이 낫다. 그래서 과거 공부를 하면서도 자신의 뜻을 잃지 않는다면, 과거 공부와 성리학이 함께 병행되어 서로 방해하지 않을 수 있다. 하지만 지금 사람들은 과거 공부를 한다면서 정작 정성을 들이지 않고, 성리학을 한다면서도 실제로는 손도 대지 않는다. 과거 공부를 하라 하면 "나는 성리학을 하느라 과거 공부에 마음이 안 간다." 하고, 성리학을 하라 하면 "과거 공부 때문에 성리학을 할 수 없다."고 한다. 이렇게 두 쪽 다 자기에게 유리한 말만 골라 하며 세월을 보내다, 결국 과거 공부와 성리학 어느 쪽도 이루지 못한다. 그런데 늙어서 뉘우

친들 무슨 소용이 있겠는가."

 이 글에서 율곡 이이가 말하고자 한 핵심은 공부의 성패가 과거 시험이나 성리학 중 어느 한쪽에 치우치느냐에 달린 것이 아니라, 그것을 대하는 사람의 마음가짐에 있다는 점이다. 같은 상황이라도 어떤 태도로 받아들이느냐에 따라 결과는 전혀 달라진다. 어려움이 닥쳤을 때 좌절로만 보는 사람은 그 순간에 갇히지만, 이를 배움의 기회로 여기는 사람은 한 걸음 더 성장한다. 과거를 공부하든 성리학을 공부하든 스스로를 믿고 긍정적인 마음을 지키려는 사람에게는 어떤 길이든 새로운 가능성이 열리기 마련이다. 그런데 합격과 불합격에 따라 좌절한다면, 본래 공부의 목적을 잃게 되고 암기만 하려 들게 될 것이다. 따라서 무엇을 하든 정성을 다하고, 그 안에서 자신의 뜻을 놓치지 않는 태도가 필요하다. 성리학을 한다는 이유로 과거를 소홀히 하고, 과거 공부를 이유로 성리학을 외면하는 사람은 핑계를 대는 것이다.

공부를 한다고 밥을 안 먹지 않고, 운동을 한다고 잠을 안 자는 게 아니다. 이처럼 우리도 핑계를 대기 전에, 생각의 관점을 바꿔 그 과정을 통해 내가 얼마나 성장했는지, 또 어떤 것을 깨달았는지 그 나름대로 새로운 것을 얻는 사람이 되어야 한다. 목표를 향해 나아갈 때 중요한 것은 속력이 아니라 방향이다. 그래서 내가 추구하고자 하는 것이 무엇인지 마음을 바르게 세우고 뜻을 잃지 않으면 목표를 이뤄도 그 뜻을 향해 나아갈 수 있을 것이고, 그 목표를 이루지 못해도 또 다른 방향으로 그것에 접근할 수 있을 것이다. 그러니, 내가 너무 조급하거나, 자꾸 해야 하는 이유보다 하지 말아야 할 이유를 생각하며 핑계를 대고 있다면 자신의 본마음부터 다 잡아야 할 것이다.

**"자기에게 유리한 말만 골라 하며 세월을 보내다,
결국 과거 공부와 성리학 어느 쪽도 이루지 못한다."**

Chapter. 05

동호문답

율곡 이이

군주의 도리

율곡 이이는 나라의 기강이 무너지고 당파 갈등이 심해지자, 올바른 정치의 원칙을 밝히기 위해 「동호문답」을 지었다. 이는 문답 형식을 빌려 임금이 스스로 답을 찾도록 적은 글이었다. 글에는 군주의 수양과 인재 등용, 법과 기강, 민생과 국방까지 아우르는 현실적 개혁안을 담았다. 이 글에서 오늘날 CEO·경영자·조직 리더들이 충분히 본받을 만한 구절과 사상을 엿볼 수 있다. 먼저 '임금의 바른 길'이라는 제목인 〈논군도〉라는 글의 내용은 이러하다.

동호의 손님이 주인에게 물었다.

"옛날이나 지금이나 나라가 잘 다스려지거나 어지러워지는 일이 늘 있었는데, 어떻게 해야 정치가 잘되고, 무엇 때문에 바른 길이 어지러워집니까?"

주인이 대답했다.

"좋은 정치에도 두 가지 경우가 있고, 문란한 정치에도 두 가지 경우가 있소. 먼저, 잘되는 정치의 두 경우는 임금의 재능과 지혜가 남보다 뛰어나서 뛰어난 지도자들을 잘 부리면 좋은 정치가 되는 것이고, 비록 재능이 부족하더라도 어진 신하에게 정사를 맡기면 역시 좋은 정치가 되는 것이요. 반대로 문란한 정치의 두 경우는 임금이 자기 총명만 믿고 신하를 믿지 않으면 정치가 문란해지는 것이고, 간사한 자의 말을 지나치게 믿어 귀와 눈이 가려지면 정치가 문란해지는 것이요. 또 좋은 정치에도 그것을 이루는 방법이 두 가지가 있소. 첫째, 사람다움과 바른 도리를 직접 실천하면서 남에게 해를 끼치지 않는 정치를 하면 이것이 곧 '왕도(올바른 길의 정치)'요. 둘째, 사람다움과 바른 도리의 이름만 빌리고 실제로는 권모술수와 이익만을 좇으면 패도(힘으로 다스리는 정치)라 하오. 반대로 문란한 정치에도 무너지는 경우가 세 가지가 있소. 첫째, 임금이 탐욕이 많고 유혹에 흔들려 백성의 힘을 다 빼앗아 자신만 살고, 충언을 물리치며 성스러운 체하다가 멸망하는 경우가 있는데, 이런 임금을 폭군이라 하오. 둘째, 정치하려는 뜻은 있으나 간사한 자를 분별할 총명이 없어 믿는 자가 어질지 못하고 관리들도 재주가 없어 결국 나라가 망하는 경우가 있는데, 이런 임금을 혼군이라 하오. 셋째, 나약하여 뜻을 세우지 못하고, 과단성이 없어 우물쭈물하다가 정사가 힘을 쓰지 못하고 구태를 반복해 나라가 날로 쇠약해지는 경우가 있는데, 이런 임금을 용군이라 하오."

그러자, 손님이 다시 물었다.

"당 덕종과 송 신종은 결단력이 있고 꿋꿋한 임금인데, 어찌 그들을 혼군이라 하십니까?"

주인이 대답했다.

"임금의 현명함은 단순히 총명한 데 있지 않고 옳고 그름을 분별하는 데 있소. 저 두 임금은 어둡거나 유약하지는 않았으나 옳고 그름을 가리지 못해 행동이 거꾸로 되었으니, 혼군이 아니고 무엇이겠소?"

율곡 이이가 쓴 〈논군도〉에서는 세 가지 깊은 교훈을 볼 수 있다. 첫번째로 리더십이다. 그는 좋은 정치를 만드는 길이 두 가지 있다고 했다. 하나는 임금이 스스로 탁월하여 인재를 잘 부리는 경우이고, 다른 하나는 임금의 재능은 부족해도 유능한 신하를 믿고 권한을 맡기는 경우다. 이는 곧 조직에서도 뛰어난 리더가 직접 방향을 제시하거나, 혹은 전문성을 가진 인재들을 존중하고 신뢰함으로써 성과를 만들어낼 수 있음을 보여준다. 반대로 정치가 무너지는 이유는 임금이 자기 지혜만 믿고 독단적으로 나아가거나, 간사한 자의 말을 믿어 귀와 눈이 가려지는 경우였다. 기업에서도 마찬가지다. 리더가 아첨만 하는 참모의 보고에 의존하거나, 현장의 목소리를 외면한다면 결국 잘못된 판단으로 조직은 흔들릴 수밖에 없다. 두번째는 경영이다. 그는 좋은 정치에도 왕도와 패도가 있다고 했다. 왕도는 사람다움과 도리를 실천하여 모두에게 이익을 주는 정치를 말하고, 패도는 명분만 내세우면서 실제로는 권모술수와 이익만 좇는 정치를 뜻한다. 현대적으로 말하면, 윤리와 진정성을 바탕으로 한 리더십은 왕도에 가깝고, 단기적 성과와 권위만을 내세우는 방식은 패도에 가깝다.

결국 왕도와 패도의 차이는 '사람을 수단으로 보는가, 목적 그 자체로 존중하는가'에 있다. 직원들을 단순히 성과를 내는 도구로 삼는 경영은 언제든 균열을 드러내지만, 인간다운 대우와 신뢰 속에서 이루어지는 경영은 위기 속에서도 더욱 단단해진다. 그러므로 진정한 리더는 당장의 실적보다 사람다움을 지켜내는 선택을 하는 이라고 볼 수 있다. 반대로 그는 나라를 무너뜨리는 세 가지 리더를 경계했다. 탐욕으로 백성을 착취하는 폭군, 분별력 없이 간사한 자를 믿는 혼군, 그리고 우유부단하여 결단을 내리지 못하는 용군이다. 이는 오늘날에도 그대로 적용된다. 탐욕적이고, 분별력이 없고, 우유부단한 리더는 조직을 쇠퇴하게 만든다. 결국 중요한 것은 능력이 아니라 옳고 그름을 분별하는 힘이라는 것이다. 리더가 탐욕에 눈이 멀면 구성원은 희생양이 되고, 잘못된 조언을 구분하지 못하면 집단 전체가 길을 잃는다. 또한 필요할 때 결단을 내리지 못하면 기회는 눈앞에서 사라진다. 리더십의 위기는 언제나 외부보다 내부에서 비롯되며, 그것을 막아내는 유일한 방법은 올바름을 기준으로 삼는 것이다. 마지막에서도 "임금의 현명함은 단순히 총명한 데 있지 않고, 옳고 그름을 분별하는 데 있다."고 말한 이유도 이런 이유에서다. 아무리 머리가 좋고 능력이 뛰어나더라도 옳은 길과 그른 것을 가리지 못하면 결국 실패한 리더로 남을 수밖에 없다는 것이다. 오늘날의 리더에게 필요한 덕목도 다르지 않다. 화려한 언변이나 탁월한 경영 수완보다 중요한 것은, 원칙을 지키는 용기와 도덕적 판단이다. 위기를 겪을수록 진짜 리더는 빛나고, 가짜 리더는 드러난다. 역사가 보여주듯 리더십의 본질은 지식이나 재능이 아니라 옳음을 향한 일관된 선택에 있다.

**"현명함은 단순히 총명한 데 있지 않고
옳고 그름을 분별하는 데 있다."**

002

조직을 지탱하는
참모의 덕목

　군주의 도리를 밝힌 대화가 임금의 자기 수양과 올바른 리더십을 강조했다면, 이어지는 논의는 자연스레 "신하는 어떠해야 하는가"라는 질문으로 옮겨간다. 아무리 훌륭한 리더라도 혼자서 모든 것을 감당할 수는 없고, 곁에서 보좌하는 이들의 자세에 따라, 국가와 조직의 운명이 크게 달라지기 때문이다. 임금과 신하는 서로 떼어놓을 수 없는 관계이며, 오늘날로 치면 사장과 임원, 경영자와 핵심 인재의 관계와 같을 것이다. 그래서 율곡 이이는 다음 제목을 〈논신도〉라고 지었는데 뜻은 "신하의 도리를 논한다"라는 뜻이다. 내용은 이러하다.

어느 손님이 물었다.
"선비로 태어난 사람치고 나라를 다스리고 세상을 구제하려는 뜻을 품지 않는 이는 없습니다. 그렇다면 뜻과 행동은 하나로 같아야 할 텐데, 어떤 이는 세상에 나아가 공적으로 일하기도 하고, 어떤 이는 벼슬을 버리고 물러나 자기만을 지키기도 합니다. 왜 그런 차이가 있는 겁니까?"
주인이 대답했다.
"선비라면 본디 나라와 세상을 위해 힘쓰는 것이 본심입니다. 다만, 세상에 나아갈 좋은 때를 만나느냐, 아니면 그렇지 못하느냐의 차이일 뿐이지요. 벼슬에 나아가 세상을 널리 이롭게 하는 이들은 크게 세 부류가 있습니다. 첫 번째, 대신입니다. 덕과 도가 몸에 배어 임금을 올바르게 보좌하고, 백성을 잘살게 하려는 이들입니다. 임금과 함께 올바른 길을 걸으며 나라의 근본을 세우는 사람이지요. 두 번째, 충신입니다. 늘 나라 걱정만 하고 자신은 돌보지 않으며, 임금과 백성을 위해 쉽고 어려움을 가리지 않고 헌신하는 사람입니다. 마음먹은 정도에 따라 다르겠지만, 끝내는 나라를 위기에서 구하려는 진심이 있는 자입니다. 세 번째, 간신입니다. 여기에서 간신은 '간신배'가 아닙니다. 자신이 맡은 자리에 충실하고, 주어진 직무를 능숙하게 감당하는 사람입니다. 나라 전체를 맡기기에는 부족하지만, 특정 분야나 한 부서에서는 훌륭하게 역할을 해내는 인물입니다. 이 세 가지 사람 중 대신은 임금을 잘 만나면 옛 성왕들의 정치가 다시 살아날 수 있고, 충신이 임금을 받들면 나라가 위기에서 구해집니다. 그러나 간신은 부서 책임자로는 쓸 만하지만 큰 책임은 맡기기 어렵습니다. 또 벼슬을 버리고 물러나 자기만 지키는 이들도 세 부류가 있습니다. 첫 번째, 천민입니다. 특출한 재능과 덕을 지녔으면서도 세상일에 나서지 않고, 마치 보석을 상자에 담아두듯 때를 기다리는 이들입니다. 좋은 임금을 만나면 천하를 구할 수 있는 사람들입니다. 두 번째, 학자입니다. 스스로 학문과 능력이 부족함을 알고, 섣불리 나서지 않고 수양하며 때를 기다리는 사람입니다. 자신의 도가 성숙하기 전에는 경솔히 나서지 않습니다. 세 번째, 은자입니다. 고결하고 깨끗한 성품으로 세상일에 연연하지 않고 초연하게 숨어 지내는 사람입니다. 세상의 분주함을 떠나 은둔하며 자신만의 삶을 지향합니다. 이 세 가지 사람 중 천민은 좋은 시기를 만나면 세상 사람 모두에게 은혜를 끼치고, 학자는 자신의 도가 부족하면 아무리 기회가 와도 나서지 못합니다. 은자는 은둔에 치우쳐 중도의 길을 벗어나는 면이 있습니다."

그러자 손님이 또 물었다.

"앞서 말한 충신이라면 도(道)를 벗어나면 안 되는데, 당신은 충신이 정도를 넘나들었다고 했습니다. 무슨 뜻입니까?"

주인이 답했다.

"그대가 말하는 도라는 것은 아무나 아는 게 아닙니

다. 밭을 갈던 평민 출신이었지만 성군을 만나 나라를 세운 '이윤'같은 사람이나, 때를 기다리다 성군을 만나 나라를 세운 군사 전략가이자 정치가인 '태공' 같은 사람이 아니면 알 수 없는 깊은 도이지요. 제갈량이나 적인걸 같은 이들은 나라를 구하고 큰 공을 세웠지만, 성현의 도로 보면 이익을 먼저 따지거나 임시방편을 쓴 경우가 많습니다. 그러니 도의 기준으로 보면 때로는 정도에서 벗어난 것이지요."

이 대화에서는 율곡은 선비라면 누구나 세상을 구제하려는 본심을 지니고 있지만, 각자가 처한 환경과 때에 따라 그 길이 달라질 수 있음을 말한다. 어떤 이는 벼슬에 나아가 임금을 보좌하고 나라를 위해 헌신하며, 또 어떤 이는 벼슬을 버리고 물러나 학문에 힘쓰거나 은거하고 스스로를 지킨다. 여기서 중요한 교훈은 3가지다. 첫째, 때를 기다릴 줄 아는 지혜다. 아무리 뜻이 크더라도 환경이 뒷받침되지 않으면 힘을 발휘하기 어렵다. 성급히 나서는 것보다 때를 살피며 준비하는 것이 더 큰 힘이 된다. 둘째, 각자의 자리에서 충실해야 한다는 것이다. 대신·충신·간신, 천민·학자·은자라는 구분은 누구나 다른 방식으로 기여할 수 있음을 보여준다. 이는 오늘날 각자의 위치에서 성실히 책임을 다하는 것이 사회를 지탱하는 힘이라는 점을 일깨운다. 셋째, 성공만이 바른길이 아니라는 것이다. 제갈량이나 적인걸 같은 인물이 나라를 구했더라도 때로는 임시방편이나 이익을 우선한 면이 있었다. 다시 말해 그들의 공적은 위대했으나 도의 기준에서는 때로 정도를 벗어났다는 것이다. 여기서 우리는 중요한 깨달음을 얻게 된다. 단기적인 성과가 반드시 올바른 길을 뜻하는 것은 아니며, 위대한 업적도 원칙과 가치를 잃으면 한계를 지닐 수밖에 없다는 사실이다. 결국 「논신도」가 말하는 바는 분명하다. 리더와 참모는 서로 떼어놓을 수 없는 관계이며, 보좌자의 태도가 리더십을 완성하고, 또한 어떤 자리에 있든 단기적 성과에 눈이 멀지 않고 원칙을 지키는 것이야말로 조직과 공동체를 오래 살리는 길임을 잊지 말아야 한다는 것이다. 그렇다면 정말 그 조직을 아낀다고 했을 때, 만약 내가 리더라면 내 옆에 어떤 사람을 두고 있는지 잘 살펴봐야 할 것이고, 내가 함께 성장하는 임원이나 직원이라면 성과에 급급해 정도를 무시하고 자신만 살려고 하진 않는지 경계해야 할 것이다.

**"현명한 사람은 기회를 만나면 천하를 구하고,
미숙한 사람은 기회가 와도 나서지 못한다."**

003

왜 지식은 넘쳐도
세상은 나아지지 않는가

이어서 군주와 신하의 관계를 논하며 정치의 근본을 짚었던 논의가 이어지자, 율곡 이이는 시선을 조선의 현실로 돌렸고, "그렇다면 우리나라에서는 왜 도학(하늘의 이치를 배우고 몸과 사회에 실천하는 공부)이 뿌리내리지 못했는가?"라는 물음을 던지는 글을 적었다. 아무리 훌륭한 제도나 외형을 갖추더라도, 그 사회를 이끄는 학문과 정신이 부실하다면 나라가 바르게 설 수 없다고 생각했기 때문이다. 여기서 그는 우리나라의 학문과 정치가 어떻게 형식에 치우치고 실천을 잃었는지를 비판했는데 내용은 이러하다.

  손님이 물었다.
"우리 조선에도 사람을 사랑하고 정의롭게 다스리는 바른 마음으로 세상을 다스린 임금이 있었습니까?"
  주인이 말했다.
"문헌이 부족하여 확실히 증명하기는 어렵습니다. 다만 상상해 보건대, 옛날 은나라 왕족인 '기자'가 우리 조선의 임금이 되었을 때, 정전의 제도와 팔조의 가르침 등은 분명 바른 마음에서 비롯된 것이었을 것입니다. 그러나 그 이후로는 삼국이 셋으로 갈라졌다가 고려가 통일하였는데, 그 과정을 살펴보면 모두 꾀와 힘으로만 한 일이었을 뿐, 도학(바른길을 배우고 닦는 학문)을 숭상해야 한다는 뜻은 알지 못했습니다. 임금만 그런 것이 아니라, 그 아래 사람들 또한 참된 지식과 실천으로 선왕의 전통을 계승한 자가 있었다는 말을 들어 본 적이 없습니다. 오히려 불교에 잘못 빠져 재앙을 피하고 복을 얻는 데에만 급급하여, 천 년이라는 오랜 세월 동안 특출한 인물이 나오지 않았습니다. 고려 말엽에 정몽주가 선비의 기상을 조금은 보였으나, 그 역시 학문을 깊이 성취하지 못하였고, 그가 행한 일을 보아도 충신에 지나지 않았습니다."

그러자 손님이 화를 내며 말했다.

"우리 조선 수천 년 역사 속에 참된 선비가 한 명도 없었다고 하시니 너무 지나친 말씀이 아닙니까?"

주인이 웃으며 대답했다.

"그대가 나에게 물었기에, 내가 감히 바른 대답을 하지 않을 수 없었던 것이지, 지나치게 이론을 즐기려 한 것이 아닙니다. 이른바 '참된 선비'라 함은, 벼슬에 나아가서는 한 시대에 도(道)를 펼쳐 백성들로 하여금 태평을 누리게 하고, 벼슬에서 물러나면 세상에 교화를 베풀어 학자들이 큰 잠에서 깨어나도록 만드는 사람을 말합니다. 그런데 벼슬에 나아가 도를 행한 자도 없고, 벼슬에서 물러나 후세에 전할 만한 교화를 남긴 자도 없었습니다. 옛날 은나라 왕족인 '기자'가 우리 조선에 와서 오랑캐의 풍속을 바꾼 뒤로, 다시는 본받을 만한 바른 통치가 없었으니, 이는 벼슬에 나아가 도를 행한 자가 없었던 것이고, 또 우리나라 사람들이 지은 책 가운데 의리(옳은 도리와 이치)에 밝은 자를 볼 수 없으니, 이는 물러나서 가르쳐 변화시키는 자가 없었던 것입니다. 내가 어찌 망령되게 말하여 수많은 세대의 사람들을 속이겠습니까?"

여기서 오늘날 우리가 배울 수 있는 점은 분명하다. 아무리 뛰어난 제도나 겉으로 그럴듯한 성과가 있어도, 그것이 사람을 바르게 세우고 공동체를 이롭게 하는 정신과 연결되지 않으면 오래가지 못한다는 사실이다. 율곡이 지적한 "도학이 행해지지 않았다."라는 말은 학문이 부족했다는 뜻이 아니다. 지식을 쌓고 책을 읽는 데 그치고, 행동으로 옮기지 않는 사회 분위기를 꾸짖은 것이다. 오늘날 우리 사회 역시 비슷하다. 공부와 자격, 스펙은 넘치지만, 그것을 바른 삶과 사회적 책임으로 실천하는 태도가 부족하다면 결국 그 지식은 겉치레에 불과하다. 또한 우리가 주목할 점은 '참된 선비'의 정의다. 벼슬에 나아가면 한 시대를 태평케 하고, 물러나면 가르쳐서 후세를 깨우는 교화를 남기는 사람, 이것이 율곡이 말한 진정한 인재상이다. 오늘날도 공직자가 되면 이런 사람이 될 줄 알아야 한다. 어떤 노력과 힘으로 그 자리에 올랐든 자신의 직무와 권한에 맞게 개인의 이익이 아니라 공동체를 위해 힘써야 하며, 물러난 뒤에는 후임이 배울 수 있는 것들을 남겨야 한다. 그러나 현실에서는 자리에서 물러나면 나 몰라라 하거나, 자신만의 이익을 챙기는 모습이 많다. 특히, 자신이 후임이었을 때 고통과 어려움을 잊지 않고 리더의 자리에 올랐을 때 그것을 바꾸거나, 새롭게 개편할 줄 아는 사람이 되어야 하는데, 대부분의 사람은 더 나은 직위에 올라가면 그것을 잊어 버린다.

그래서 우리가 마음에 새겨야 할 점은, 사람의 됨됨이에서 가장 중요한 것은 자리에 오르는 순간이 아니라 그 자리를 어떻게 내려오는가에 달려 있다는 것이다. 권력이나 명예는 언젠가 사라지지만, 남겨진 행적은 그 뒤에 남겨진 사람들에게 큰 힘이 된다. 지금 우리도 각자의 자리에서 공동체에 기여하고, 물러난 뒤에도 배움과 교훈을 전해주는 자세를 가질 필요가 있다. 그것이야말로 율곡이 말한 참된 선비의 길이며 오늘을 사는 우리에게도 여전히 중요한 교훈이라 할 수 있다.

> **"높은 자리에 있을 때는 도를 행하고,
> 물러난 뒤에는 교화를 베푸는 것,
> 이것이 진정한 선비의 길이다."**

지금 우리는
어떤 시대에 서 있는가

    군주의 도리나 신하의 자세를 논한 대목이 인물 개인의 역할을 강조했다면, 이어지는 논의는 시선을 더 넓혀 "지금 이 시대의 형세는 어떠한가?"라는 질문으로 향한다. 아무리 올곧은 임금과 충직한 신하가 있어도, 시대의 분위기와 사회의 흐름을 외면한 채 정치를 펼칠 수는 없기 때문이다. 나라의 흥망은 개인의 덕성만이 아니라, 당대의 민심과 기강, 그리고 시대가 지닌 조건과 맞물려 결정된다. 오늘날로 치면 기업이 아무리 훌륭한 리더와 인재를 갖추었다 해도, 시장 환경과 사회적 분위기를 읽지 못한다면 결국 위기를 맞는 것과 같다. 그래서 율곡 이이는 이 부분의 제목을 "논당금지시세"라 하였는데, 뜻은 곧 "오늘날의 시대 형세를 논한다"라는 의미다. 내용은 이러하다.

손님이 말했다.
"지나간 일은 어쩔 수 없죠. 그렇다면 오늘날에도 태평성대했던 시기를 다시 회복할 수 있을까요?"
주인이 대답했다.
"할 수 있습니다."
그러자, 손님이 맥없이 웃으며 말했다.
"그건 너무 지나친 말씀 아닙니까. 왕도가 제대로 실행되지 못한 것이 이미 한나라 때부터인데, 지금 사람들은 한나라 사람보다 훨씬 못하지 않습니까? 우리나라도 '기자' 이후로는 제대로 된 정치가 없었고, 오늘날 세상사를 봐도 고려 시대만도 못합니다. 형세가 조금 좋아지기를 바란다면 모를까, 올바른 정치를 실행하겠다고 한다면 그건 선비들의 헛된 큰소리에 지나지 않을 것입니다."

이에 주인이 안타까워하며 말했다.

"그대의 말은 정말 안타깝습니다. 말이란 게 무섭습니다. 네 마리 말이 끄는 수레도 혀로 내뱉는 말을 따라잡지 못한다 하지 않습니까. 그대 말대로라면 온 세상이 결국 도깨비 세상이 되고 말 것입니다. 올바른 정치가 실행되지 못한 것은 임금과 재상(국무총리)이 그 자리에 맞는 인물이 없었기 때문이지, 시대가 내려와서 회복할 수 없게 된 것이 아닙니다. 만일 그만한 임금과 재상이 있다면 지금이야말로 올바른 정치를 회복할 수 있는 때입니다. 정자도 말하기를, '사람이 없는 것이지 어찌 그때가 없는 것이겠는가. 일을 하면 반드시 그 업적이 있게 마련이니, 일을 하고도 업적이 없었다는 것은 옛날이나 지금이나 본 적이 없다.' 하였습니다. 또 그대가 말한 '오늘날 세상사가 고려보다 못하다'는 것도 사실이 아닙니다. 고려의 세속은 오랑캐 풍습을 벗어나지 못했지만, 우리 조정은 예(禮)로써 백성을 인도

하는 훌륭한 풍속이 있습니다. 예컨대 장례나 가정 예절 같은 기본 예법이 잘 지켜지고 있으니, 어찌 고려보다 못하다고 하겠습니까."

주인이 말을 이었다.

"지금 우리나라에는 큰일을 할 수 있는 좋은 형편이 두 가지 있고, 할 수 없는 나쁜 형편도 두 가지 있습니다. 할 수 있는 좋은 형편은, 첫째, 위에 지혜롭고 바른 임금이 계신 것입니다. 지금 임금께서는 용모가 빼어나시고 자질이 영특하시며, 학문을 좋아하시고 겸손하여 선비를 존중하시며, 두 궁궐에 효도를 다하시고 모든 일에 마음을 쓰시니 참으로 드문 지혜롭고 바른 임금이십니다. 옛날에 정치가 무너진 것은 임금이 임금답지 못했기 때문인데, 지금처럼 임금다운 임금이 계신데 무엇이 걱정이겠습니까. 둘째, 권신(실세 권력자)이 없는 것입니다. 옛날에는 개인 병사를 거느린 권신들이 임금을 위협했기에 아무리 임금이 뜻이 있어도 제대로 할 수 없었습니다. 그러나 지금은 개인 병을 폐지한 이후로 권신들이 임금을 업신여기지 못하고, 간사한 무리

들 또한 명령에 따르기만 했습니다. 지금은 아예 그런 간신도 없으니, 임금께서 큰일을 하시겠다면 누가 감히 막을 수 있겠습니까."

다시 주인은 말했다.

"그러나 할 수 없는 나쁜 형편도 있습니다. 하나는 사람들의 생각이 세속적인 것에 너무 익숙해져 있다는 것입니다. 올바른 정치가 실행되지 않은 지가 이미 수천 년이 지났습니다. 그러니 올바른 정치를 알고 중요하게 여기는 사람이 얼마나 되겠습니까. 무지한 사람들은 지금의 세속적 풍속에만 젖어 있어, 만일 하루아침에 나라가 회복된다면 처음 보는 이상한 걸 본 듯 놀라고 수군거리며 떠들 것이 분명합니다. 세상이 온통 소란해질 것이니, 임금의 뜻도 흔들릴 수 있고, 사대부들조차 안정만을 추구하며 개혁을 꺼려 결국 개혁을 추진하는 이가 비난받는 꼴이 될 것입니다. 이래서 큰일을 하기가 어렵습니다. 또 하나는 사기가 꺾인 것입니다. 나라 초창기에는 인재 교육이 고려보다 훨씬 성했지만, 연산군 때부터 사림이 핍박당하고 기묘사화와 을 사사화로 완전히 꺾여 버렸습니다. 이후부터는 선한 일을 하면 서로 경계하고, 악한 일을 하면 오히려 부추기는 풍조가 생겼습니다. 조금이라도 올바른 선비가 나타나면 집안과 이웃에게 책망받고 배척당하며, 모호하게 처세하고 부귀만 탐하는 자들이 오히려 잘 먹고 편히 벼슬을 합니다. 신하들도 나라를 사랑하는 마음은 있지만, 사화의 전철을 두려워해 감히 올바른 소리를 내지 못하고 눈치만 보며 오히려 세속을 따라갑니다. 이것이 또 하나의 큰 걸림돌입니다."

손님이 말했다.

"그렇다면 이렇게 할 수 없는 조건이 많은데, 삼대의 정치를 회복한다는 게 이미 때가 아닌데도 가능하다고 하신 뜻은 무엇입니까?"

주인이 대답했다.

"정치가 잘되고 무너지는 것은 결국 '사람'에게 달린 것이지, 시대의 탓이 아닙니다. '때'라는 것도 사실은 임금이 만드는 것입니다. 만약 지금 우리 임금께서 주저하지 않고 결단력 있게 옛 정치를 회복하고자 하신다면, 세속에 빠진 인심도 건져낼 수 있고, 꺾인 사기도 다시 일으킬 수 있습니다. 그렇다면 어찌 '때가 아니다'라고 할 수 있겠습니까."

이 대화에서 율곡 이이는 '때란 것은 저절로 오는 것이 아니라, 지도자가 만드는 것'이라고 말한다. 지금 당장 세상이 어둡고 어려워도, 올바른 임금이 결단력 있게 일어나면 세속에 젖은 인심도 다시 바로 세울 수 있고, 꺾인 사기마저도 되살릴 수 있다고 말한다. 그렇다. 완벽한 조건은 어디에도 없고, 기회와 문제는 언제나 함께 존재한다. 단, 리더가 올곧고 바르게 선다면 말이다. 그래서 리더에게 중요한 것은 환경을 탓하지 않고, 어떤 상황에서도 바른길을 열어가려는 의지를 가져야 하는 태도다. 오늘날 사회가 어지러운 것도 시대가 좋지 못해서가 아니라, 결국 사람의 책임이다. 그래서 이를 알고 스스로를 바로 세우고, 책임 있는 결단을 내리면 보이지 않았던 새로운 것들이 보이게 된다. 그러다 보면 권력을 남용하는 권력자들의 횡포를 막고, 사람들의 마음을 회복시키며, 꺾인 용기를 일으켜 세울 수 있게 된다. 결국, 역사는 누가 책임 있게 행동하느냐에 따라 달라진다.

시대를 탓하며 손 놓고 있으면 좋지 못한 일들만 연속적으로 일어나, 역사 속으로 사라지지만, 지도자가 바른길을 향해 결단을 내리면 그 순간부터 변화는 시작된다. 율곡이 강조한 것처럼, 어두운 세상일수록 더욱 필요한 것은 올곧은 사람과 올바른 결심이다. 그렇다고 꼭 세상을 바꾸는 행위를 리더만 해야 하는 것은 아니다. 각자의 자리에서 바른길을 선택하고, 희망을 말하며, 작은 책임을 다해 나갈 때 비로소 그 힘은 하나가 되어 조금씩 밝아진다. 되려, 바꿔주기만 바라고, 부당한 것에 침묵하며, 필요한 것에 목소리를 내지 않는다면 절대 변하지 않는다. 그렇기에 너나 할 것 없이 바른길이라면 목소리를 내고, 필요하다면 도와주는 사람이 되어야 한다. 내 시대가 좋지 못하다 생각이 든다면 때가 아닌 것이 아니라, 사람이 없는 것이다. 그러니,

올바른 사람과 결단이 있다면, 언제든 변할 수 있으니 바로 세우려 노력해 보자.

**"정치가 잘되고 무너지는 것은
시대의 탓이 아니라 결국 사람에게 달려 있다."**

삶을 바꾸는 10가지 실천법

앞에서 임금의 뜻과 시대의 형세를 논했다면, 이어지는 논의는 다시 근본으로 돌아가 "한 사람의 수양은 어떻게 이루어져야 하는가"라는 질문으로 향했다. 아무리 좋은 제도와 정책이 있어도, 그것을 맡아 실행하는 이가 진실하지 못하다면 결국 허울뿐인 구호로 끝날 수밖에 없기 때문이다. 그래서 율곡 이이는 이 부분의 제목을 "논무실위 수기지요"라 하였는데, 이는 "실질을 중시하는 것이 자기 수양의 가장 중요한 요체임을 논한다"라는 뜻이다. 내용은 이러하다.

 손님이 물었다.
"지혜와 덕이 뛰어난 훌륭한 임금들이 정치를 다시 이루고자 한다면 무엇부터 힘써야 합니까?"
 주인이 대답했다.
"무엇보다 먼저 뜻을 세워야 합니다. 옛날의 훌륭한 임금들은 모두 뜻을 확고히 정하는 것부터 시작했습니다. 임금이 바른 정치에 뜻을 두면 옛 성군들처럼 바른 정치와 백성을 바르게 이끄는 길을 따를 수 있지만, 만약 힘과 권모술수로 다스리는 정치에 뜻을 두면 아무리 잘해도 겨우 한·당나라 수준의 잠깐의 안정만 하는 정도에 그치게 됩니다. 그러나 옛말에 '깨끗한 마음으로 만든 제도도 세월이 지나면 폐단이 생긴다'고 했습니다. 그렇다면 나쁜 마음에 뜻을 둔다면 결과는 더욱 초라해져 뜻있는 사람들의 탄식을 다시 불러오게 될 것입니다. 또한, 이치를 탐구하여 본성을 다스리려는 데 뜻을 두면 얄팍한 요령은 끼어들지 못할 것이고,

백성을 새롭게 교화하는 데 뜻을 두면 낡은 풍습에 발목 잡히지 않을 것입니다. 왕궁에서 누리는 사치스럽고 방탕한 즐거움에 빠져들지 않으려면 아내에게 본보기가 되려는 데 뜻을 두어야 하고, 사치스러운 건물과 물건에 마음을 빼앗기지 않으려면 검소한 삶을 지향하는 데 뜻을 두어야 합니다. 은혜를 베풀고 백성을 구제하는 것을 뜻으로 삼는다면 백성 중 단 한 사람이라도 혜택을 입지 못하는 것을 걱정할 것이며, 예절과 음악을 바로 세우는 것을 뜻으로 삼는다면 옛 법에 맞지 않는 정책이 하나라도 생기는 것을 근심하게 될 것입니다. 임금이 참으로 이런 뜻을 세운다면 성인을 본받을 수 있고, 성인을 본받으려면 반드시 부단히 배우려 해야 삼대의 정치를 회복할 수 있습니다."

손님이 다시 물었다.

"뜻을 세웠다면 그다음에는 무엇을 해야 합니까?"

주인이 대답했다.

"뜻을 세운 다음에는 반드시 실질적인 실행에 힘써야 합니다. 아침이 다 가도록 밥상을 차려 놓고도 한 번도 먹지 않는다면 무슨 소용이 있겠습니까. 지금 조정에서는 경서를 강의하거나 상소를 올릴 때 좋은 계책과 바른 논의가 없는 것은 아닙니다. 그러나 실제로 폐단을 고치거나 정책을 시행한 것을 거의 보지 못했으니, 실질적인 효과에 힘쓰지 않기 때문입니다. 임금께서 진정으로 옛 도를 회복하고자 하신다면 겉치레가 아니라 실제로 효험이 있는 일에 집중하셔야 합니다."

주인이 이어서 말했다.

"예를 들어, 사물의 이치를 궁리해 지혜를 얻으려면 책을 읽어 의리를 따져보고, 어떤 일을 당했을 때는 옳고 그름을 분별하며, 사람을 논하면서 바른 자와 간사한 자를 가려내고, 옛 역사를 살펴 옳고 그름을 찾아내야 합니다. 작은 말 한마디, 행동 하나까지도 이치에 맞는지 따져보고, 반드시 마음을 비우고 투명히 하여 사물마다 그 이치를 따져보지 않는 것이 없게 해야 합니다. 이것이 곧 격물치지(공부도, 경험도, 그냥 흘려보내지 말고, 왜 그런지 끝까지 따져봐야 진짜 배움이 된다)의 실효를 다하는 길입니다."

"뜻을 성실히 하고 싶다면, 선(善)을 좋아하기를 아름다운 여인을 좋아하듯이 하여 반드시 얻어야 하고, 악을 미워하기를 고약한 냄새를 싫어하듯 하여 반드시 버려야 합니다. 아무도 보지 않는 어둠 속에서도 경건히 스스로를 지켜 게으름을 피우지 말아야 하고, 남이 보거나 듣지 않는 순간에도 조심함을 잊지 말아야 합니다. 그래야만 생각 하나하나가 정성에서 나오게 되고, 진실한 마음이 실효를 다할 수 있습니다."

"마음을 바르게 하고자 한다면, 치우치지 말고, 중심을 세워야 합니다. 지나침도 모자람도 없이 실용을 삼고, 정신을 똑똑히 차려 혼미하지 않으며, 본래의 밝음을 온전히 보존해야 합니다. 또 굳게 정해 흔들리지 않음으로 본래의 고요함을 지켜야 합니다. 이렇게 하면 마음이 환하고 공평해져 어떤 일이 오더라도 순응하며 바른 마음을 지킬 수 있을 것입니다."

"자신을 닦으려면, 옷차림을 바르게 하고 시선을 점잖게 하며, 음란한 노래나 여색을 멀리해야 합니다. 놀이나 구경 같은 향락을 끊고, 태만한 기운을 몸에 두지 말며, 나쁜 말을 내뱉지 말고, 법도에 따라 예가 아니면 행동하지 않아야 합니다. 이것이 곧 자기 수양의 실효입니다."

"효도를 하려면, 두 어머니를 정성껏 모셔서 기쁜 마음이 오가고 간격이 없게 해야 합니다. 아첨과 이간질은 엄금하고, 항상 온화하고 유순한 태도로 마음이 서로 통해야 합니다. 종묘 제사에서도 경건함을 다하여 번거롭게 자주 하는 데 힘쓰지 말고, 오직 조상이 감동할 마음으로 임해야 합니다. 이것이 곧 효도의 실효입니다."

"집안을 다스리려면, 몸소 본을 보여야 합니다. 경건함으로 거느리고, 엄숙함으로 임하며, 자애로 보살펴야 합니다. 후궁은 순수한 덕을 갖추게 하고, 궁중은 엄숙하고 깨끗이 하여 외부와의 접촉에서 폐단이 생기지 않도록 해야 합니다. 내시들은 청소만 맡게 하여 집안을 다스리는 실효를 다해야 합니다."

"어진 사람을 쓰려면, 널리 발굴해 정밀히 살피고, 시험을 공정히 해서 그가 참으로 어진 자임을 확인해야 합니다. 믿음이 선다면 맡기고 의심하지 말아야 합니다. 밖으로는 임금과 신하의 의리를 세우고, 안으로는 부자 간의 정을 맺게 해서 그가 포부를 펴고 재능을 다할 수 있도록 해야 합니다. 거짓말이나 모함이 통하지 않도록 막아야 조직이 제대로 운영되고, 사람들도 안심할 수 있습니다. 이것이 곧 어진 이를 등용하는 실효입니다."

"간사한 자를 내치려면, 말이 지나치게 부드럽고 귀에 거슬리지 않는 자는 바르지 못한 자가 아닌지 살펴야 합니다. 행적이 분명치 않다면 음흉을 숨기는 자인지 찾아야 합니다. 의견을 내지 않는 자는 나라 걱정이 없는 자이고, 벼슬에만 집착하는 자는 의리가 없는 자입니다. 도학을 좋아하지 않는 자는 장차 사람을 해칠 자이고, 말만 번지르르하되 속이 약한 자는 거짓으로 강직한 체하는 자입니다. 이런 자들은 그 경중에 따라 가볍게는 쫓아내고, 무겁게는 귀양 보내야 합니다. 이것이 곧 간사한 자를 내쫓는 실효입니다."

"백성을 보호하려면, 백성을 갓난아이처럼 여겨야 합

니다. 아이가 우물에 빠졌을 때, 아무리 원수 집안의 자식이라 해도 죽도록 미워하지 않는 이상 반드시 구하려고 하지 않겠습니까? 하물며 부모의 마음이라면 어떠하겠습니까. 지금은 갓난아이가 우물에 빠진 지 오래되었는데도, 수년간 그 아픔을 자기 일처럼 여기지 않는 정치를 보고 있으니, 이는 임금께서 백성을 부모처럼 여기지 못한 탓입니다. 진정으로 부모의 마음을 가진다면 백성에게 이익을 주고 해로움을 없애는 데 온 힘을 다해야 합니다. 그리하면 백성이 어찌 곤궁하겠습니까? 밥 먹을 틈도 없이 부지런히 백성이 바라는 것을 이루고, 고통을 들어주어야 합니다. 이것이 곧 백성을 보호하는 실효입니다."

"또 백성의 마음을 변화시키려면, 먼저 임금이 스스로 본을 보여야 합니다. 어질고 겸손한 도덕을 드러내고, 공정한 도리를 밝혀 기강을 바로잡으며, 선과 악을 구분해 풍속을 변화시켜야 합니다. 염치를 권장해 사기를 북돋고, 도학을 존중해 백성들이 가야 할 길을 알려주어야 합니다. 제사의 법도를 바로잡아 번거로움을 없애면, 위로는 신이 감동하고 아래로는 백성이 순종할 것입니다. 이렇게 되면 삼강(군신·부자·부부의 도리)이 바로 서고, 교화의 실효가 다해질 것입니다."

임금께서 이처럼 겉치레가 아니라 실효에 힘쓴다면, 하늘이 기뻐하여 사람들 사이에 따뜻하고 화목한 기운이 넘치고, 재앙이 사라지며, 경사가 겹쳐 올 것입니다. 아, 우리나라의 억만년 복은 오직 임금께서 실효에 힘쓰시는 데 달려 있습니다."

이는 임금이 실행하기 위해 하지 말아야 할 것과, 반드시 해야 할 것을 구체적으로 밝히고 있지만, 단지 옛 정치의 교훈에만 머무는 것이 아니라 오늘날을 살아가는 우리 모두에게도 그대로 적용될 수 있는 지침이다. 시대는 바뀌었지만, 보여주기식 겉치레를 경계하고, 올바른 뜻을 세운 뒤 실질적인 실행에 힘쓰라는 가르침은 변함없는 진리다. 자기 수양, 올바른 마음가짐, 효도, 가정의 다스림, 인재의 등용, 간신을 멀리함, 백성을 보호하는 자세, 백성의 교화, 사물의 이치를 탐구하는 태도 등은 비단 임금만의 책무가 아니라 우리 모두가 일상에서 실천할 수 있는 삶의 기준이다. 그러므로 10가지의 실행 방법을 마음에 깊이 새기고, 필요할 때마다 꺼내어 읽으며 스스로를 돌아본다면 삶의 길이 더욱 바르고 단단해질 것이다.

**"아무도 보지 않는 어둠 속에서도
스스로를 지키는 자만이 진실한 마음을 얻는다."**

006

간신을 가려내고
현자를 쓰는 법

 사람들이 무언가를 도전하기 위해 큰마음을 먹고 목표를 세우고도 그것을 실현하지 못하는 이유는 중 하나는 주변에 사람을 잘못 둬서이다. 아무리 뛰어난 전략과 계획이 있어도, 곁에서 간사한 말을 하면 실천하기도 전에 무너져 버리기 때문이다. 반대로, 올곧고 현명한 사람을 곁에 두면 목표로 나아가는 데 큰 힘을 얻고 빠른 실행을 할 수 있다. 그래서 율곡 이이는 임금이 뜻을 세우고도 바로 할 수 없는 이유는 간사한 자들 때문이며, 군자와 소인을 잘 구별하지 못하기 때문이라고 말했다. 그래서 리더의 마음이 공정하고 욕심이 없을 때만 진짜 인재를 알아볼 수 있고, 그들에게 휘둘리지 않을 수 있다. 율곡 이이가 간신을 분별하고 현자를 쓰는 것, 이것이 곧 다스림의 핵심이라는 뜻으로 쓴 「논변간위용현지요」에서 강조한 것도 바로 이것이다. 간신을 분별하는 방법에 대한 내용은 이러하다.

손님이 물었다.
"임금은 혼자서 나라를 다스릴 수 없고 반드시 곁에서 보좌하는 신하가 있어야 올바른 정치를 이룰 수 있습니다. 그렇다면 보좌의 책임은 누구에게 맡겨야 합니까?"
주인이 대답했다.
"임금이 이미 큰 뜻을 세우고 실질적인 성과를 추구한다면, 조정에는 자연히 노련한 인재와 부지런한 현자가 모여들 것입니다. 만약 스스로 몸을 닦고 나라를 바로잡으려 하는 자가 있다면, 그가 바로 임금을 도울 인물일 것입니다."

손님이 다시 물었다. "설령 그런 신하가 조정 안에 있다고 하더라도, 임금께서 어떻게 그가 과연 믿을 만한 사람인지를 아실 수 있겠습니까?"

주인이 말했다.

"구름은 용을 따르고, 바람은 호랑이를 따른다고 했습니다. 참으로 그런 임금이 있다면 반드시 그런 신하도 있게 마련입니다. 옛날 현명한 임금들은 큰 뜻을 이루려 할 때 반드시 여러 신하를 두루 살펴 그들의 현명함을 깊이 검증했고, 그가 정말 현명하다고 믿어지면 벽을 허물고 마음을 터놓아 큰일을 맡겼습니다. 우리나라에서도 선왕께서 신하들을 자식처럼 가까이하니, 신하들이 은혜에 감격해 목숨을 다해 충성을 바쳤던 것입니다."

주인이 이어서 말했다.

"그러나 지금의 임금께서는 오직 경연에서만 선비를 대하고, 절차는 엄격하고 대화는 짧습니다. 신하는 정해진 자리에 서서 절차만 밟고 곧 물러나니, 진심을 올리기 어렵습니다. 이렇게 형식만 따르고 전례만 지킨다면, 임금은 신하의 현명함과 어리석음을 끝내 알지 못할 것입니다. 그리되면 어떻게 인재를 얻어 정치를 제대로 하겠습니까? 지금 가장 시급한 방법은 불필요한 절차와 번거로운 예법을 줄이고, 경연 이외에서도 유학자들과 만나 토론을 하되, 그것이 추상적인 말에 그치지 않고 실제 정치와 정책 운용까지 연결되도록 하는 것입니다. 임금께서 침묵으로 위엄만 세우지 마시고, 신하들의 질문에 응답하신다면 상하 간의 정이 통하고 모든 것이 훤히 드러날 것입니다. 이렇게 되면 바른 것과 그른 것을 임금의 눈에서 숨길 수 없고, 관리의 등용도 임금의 손에서 조용히 결정되어 덕을 이루는 데 크게 도움이 될 것입니다. 정자가 말하길, '임금이 하루 동안 어진 선비를 자주 만나고, 환관이나 궁녀와 가까이하는 시간이 적어야 기질을 기르고 덕성을 키울 수 있다.' 하였는데, 이는 참으로 영원불변의 진리입니다."

손님이 다시 물었다.

"바른 사람이 나쁜 사람을 나쁘다 하고, 나쁜 사람

이 바른 사람을 나쁘다고 하면, 어떻게 구별할 수 있습니까?"

주인이 대답했다.

"이는 어렵지 않습니다. 군자(바른 사람)가 소인(간사한 사람)을 공격할 때는 말이 순하고 이치가 바릅니다. 그러나 소인이 군자를 공격할 때는 말이 까다롭고 억지스럽습니다. 소인의 잘못은 뚜렷하게 드러나기 마련입니다. 권력과 이권에 물들고, 윤리를 어기며, 사리사욕을 위해 공적인 것을 무너뜨리고, 현자를 방해해 나라를 병들게 하는 등 죄악이 헤아릴 수 없을 정도로 많지만, 대부분 너무 명백해 지적하기 어려울 것도 없습니다. 반면 군자는 그렇지 않습니다. 마음은 정직하고, 행동은 결백하며, 절개는 굳세어 굽히지 않습니다. 물론 성인 같은 경지에 이르지 않은 군자라면 약간의 흠은 있을 수 있지만, 이는 성품의 치우침일 뿐, 소인처럼 거리낌 없이 악을 행하는 것과는 다릅니다. 그러므로 소인이 군자를 공격할 때는 반드시 별도의 명목을 만들어 임금의 귀와 눈을 속이는 법입니다. 예를 들면, 군자가 성리학을 연구하면 '헛된 학문'이라 하고, 몸을 닦고 인륜을 밝히면 '위선'이라 하고, 임금을 바른 도로 인도해 고대 성왕의 정치를 본받게 하려 하면 '어렵고 난해한 말로 세상을 망친다'고 하고, 시대의 폐단을 비판하면 '경박하다' 하고, 뜻을 같이하는 사람을 추천하면, '패거리를 만든다'고 비난하고, 선을 좋아하고 악을 배격하면 '배타적이다' 하고, 규칙을 제대로 지키자고 하면, 괜히 '융통성 없고 독단적이다' 하고, 임금 앞에서 직언하면 '공손하지 않다'고 하고, 돈 때문에 움직이지 않고 신념을 지키면, 오히려 '저 사람은 속으로 더 큰 이익을 노리고 있는 거야.'라며 비꼬고, 정도가 제대로 실현되지 않아 벼슬에서 물러나면, 그것을 두고도 '저 사람은 임금을 원망한다.'고 몰아붙입니다. 이런 비방은 끝없이 나열할 수 있지만, 모두 꾸며낸 사악한 말들일 뿐이어서 현명한 사람이라면 그 속을 훤히 들여다보듯 알 수 있습니다."

손님이 다시 물었다.

"그렇다면 소인의 속셈은 쉽게 드러나는 것입니까?"

주인이 말했다.

"결국 중요한 건, 임금이 '욕심을 가지고 있는가, 없는가'입니다. 임금이 진정 욕심이 없다면 소인이 어떻게 임금의 마음에 틈타 들어올 수 있겠습니까? 지금은 임금이 새롭게 나라를 다스리기 시작하는 때이니, 군자와 소인 모두 각자 바람을 갖고 있습니다. 임금이 사욕 없이 오직 옳은 방법만 궁리한다면 군자의 뜻이 이루어질 것이고, 임금의 마음에 사사로운 욕심이 조금이라도 싹트면 소인이 파고들 틈이 많아집니다. 예컨대, 임금이 부모를 잘 모시고자 하는 마음을 가지면, 간사한 사람은 그것을 이용해 '중국 명나라의 가정황제처럼 모셔야 한다'"는 식으로 꾀어 속일 것이고, 임금이 학문과 도리를 배우는 것을 싫어하면, 간사한 사람들은 '유학자들의 말은 다 쓸모없는 빈말일 뿐입니다'라고 속여서 임금을 현혹할 것입니다. 임금이 쓴소리를 싫어하면, 간사한 사람들은 '감시하고 바른말 하는 관리들은 믿을 수 없다'라고 속여 현혹할 것이고, 편안히 지내려 하면 '나라는 이미 잘 다스려졌다'며 안심시키려 할 것입니다. 미신에 빠지면, 간사한 자들은 '도교나 불교의 말은 거짓이 아닙니다'라며 현혹할 것이고, 음란과 향락을 좋아하면 '마음껏 즐겨도 된다'고 현혹할 것입니다. 결국 모든 것은 임금의 욕심을 노려 자신의 이익을 채우려는 것입니다. 만약 임금이 사물의 이치를 깊이 탐구하고 하늘의 이치를 깨닫게 된다면, 소인의 속셈은 사소한 것까지 다 드러날 것입니다. 또 임금이 선을 좋아하고 악을 미워해 마음을 공정히 한다면, 군자의 바른말은 모두 임금의 마음에 와닿을 것입니다. 그러므로 간사함을 분별하는 데는 이치를 탐구하는 것보다 나은 방법이 없고, 훌륭한 인재를 알아보는 데는 공정한 마음보다 좋은 것이 없습니다. 결국 이치를 깊이 따지고 마음을 공평하게 가지려면, 무엇보다 욕심을 줄이는 것이 근본입니다."

결국 율곡 이이가 말하는 간신을 가려내는 법에서 가장 중요한 것은 내가 먼저 바로 서는 것이다. 임금이든 백성이든, 지도자이든 평범한 사람이든 스스로 욕심을 버리고 마음을 공정히 다스릴 때 세상의 참모습을 볼 수 있다. 내가 올곧게 서 있으면 간사한 자의 꾀와 거짓은 저절로 드러나고, 참된 사람의 진심은 자연스럽게 알아보게 된다. 사람을 바르게 보기 위한 첫걸음은 타인을 탓하거나 제도를 의심하는 것이 아니라, 나 자신을 바르게 세우는 일이다. 내가 바로 설 때 세상도 바로 서고, 그 안에서 진짜 인재와 거짓 인물을 분별할 눈이 열리게 될 것이다.

**"구름은 용을 따르고, 바람은 호랑이를 따른다.
참된 임금이 있다면
반드시 참된 신하도 있게 마련이다."**

명분을 바로 세우는 근본

아무리 훌륭한 지도자와 인재들을 모아뒀다고 해도 그에 맞는 일을 하지 않으면 그 조직은 횡설수설하며 어떤 일도 할 수 없게 된다. 그래서 율곡 이이는 임금은 임금답고, 신하는 신하답고, 부모는 부모답고, 자식은 자식다워야 한다고 보았다. 즉, 각자의 역할과 책임을 다해야 무엇이든 잘 이루어진다는 것이다. 율곡 이이는 동호문답의 마지막 글을 "명분을 바로 세우는 것이 정치의 근본"이라는 뜻인 「논정명위치도지본」이라고 제목을 지었다. 그 대화 내용은 이러하다.

　손님이 물었다.

"지금 당장 나라에서 가장 시급한 일은 단지 백성을 편안히 하고 인재를 길러내는 것입니까?"

　주인이 대답했다.

"좋은 질문입니다. 물론 백성을 편안히 하고 인재를 진작시키는 것은 틀림없이 중요한 급선무입니다. 그러나 지금은 국가의 큰 방향이 아직 바로 서지 못했고, 옳고 그름을 가르는 기준이 바로잡히지 않았습니다. 그래서 백성을 편안히 하고 인재를 길러내려 해도 제대로 될 수 없습니다. 우리나라가 개국한 이래 옳고 그름이 성하고 쇠한 일이 많았지만, 나라의 맥을 끊을 정도로 사림을 몰살시킨 일은 을사사화가 가장 참혹했습니다. 당시 관리들은 모두 떨었고, 백성들은 슬픔과 분노로 가득했습니다. 나라가 망하지 않은 것이 천만다행이었습니다. 근래 와서 당시 다섯 명의 악한 간신들은 이미 죽었고, 공정한 여론이 다시 일어나 위로는 대신에서 아래로는 백성까지 모두 분노하며 팔을 걷어붙이고 그들의 죄악을 씹고자 하는데, 오직 주상만 그것을 모르고 계십니다."

손님이 물었다.

"임금께서 모르신다는 것을 무슨 근거로 알 수 있습니까?"

주인이 말했다.

"옛날 곽공은 착한 사람을 좋아했지만 기용하지 못했고, 나쁜 사람을 미워했지만 내치지 못해 결국 나라를 망쳤습니다. 지금 임금께서는 총명함이 모든 임금보다 뛰어나십니다. 만약 다섯 명의 간신의 죄를 아신다면 반드시 크게 분노해 이미 죽은 자라도 벌을 내리셨을 것입니다. 그런데 지금까지 아무 조치가 없으니, 임금께서 모르신다고 말할 수밖에 없습니다. 그래서 여러 신하들이 임금을 진심으로 섬긴다고 말하기 어렵습니다. 지금 가장 먼저 해야 할 도리는 명분을 바로잡는 것보다 더 큰 것이 없습니다. 그런데도 임금께 고하지 않는 것은 무엇 때문입니까? 공자께서 말씀하시기를, '명분이 바르지 않으면 말이 바르지 못하고, 말이 바르지 못하면 일이 이루어지지 않고, 일이 이루어지지 않으면 예악이 흥하지 않고, 예악이 흥하지 않으면 형벌이 공정하지 못하고, 형벌이 공정하지 못하면 백성들이 설 자리가 없다.' 하셨습니다. 지금 충신이 역적으로 몰려 배척당하고, 간신의 두목이 공신으로 기록되어 있으니 명분이 바르지 못한 일이 이보다 더 심할 수는 없습니다. 지금의 대책은 무엇보다 다섯 명의 간신의 죄를 드러내어 벼슬과 작위를 박탈하고, '사직을 지켰다'는 겉으로만 꾸민 공로를 다 없애고, 억울하게 갇힌 사람들을 모두 풀어 주어 죄가 없음을 밝힌 뒤, 조상들의 사당에 보고하고 온 나라 사람들에게 널리 알려야 합니다. 그래야 조상들의 영혼을 위로하고, 백성들의 분노를 풀어 정치가 새롭게 시작될 수 있습니다."

손님이 말했다.

"그대의 말은 참으로 시국에 알맞지만, 옛 왕이 이미 정해둔 일을 지금의 왕이 어찌 고칠 수 있겠습니까?"

주인은 여러 번 깊이 한숨을 내쉬며 말했다.

"세상 사람들이 다 이렇게 생각하기 때문에 참다운

정치는 회복되지 못하는 것입니다. 효란 것은 단지 선인의 뜻을 그대로 따르는 것이 아니라, 그 뜻을 계승해 더 발전시키는 것입니다. 선을 좋아하고 악을 미워하는 것은 명종의 뜻이고, 선을 권하고 악을 벌하는 것도 명종의 일입니다. 간사한 무리들이 한때 임금의 총명을 속여 간사한 계략으로 권력을 잡을 수는 있었지만, 오랜 세월을 걸쳐 그 벌을 피할 수는 없습니다. 우리 명종께서는 하늘에서 그들의 죄악을 모두 보고 계실 것이며, 지금도 반드시 진노하시며 주상의 손을 빌려 바로잡고자 하실 것입니다. 주상께서 그 뜻을 이어받아 잘못을 고치신다면 하늘에 계신 명종의 뜻에 부응하는 것이고, 만약 그대로 두신다면 지하의 간사한 무리들이 오히려 기뻐할 것입니다. 나라가 나아갈 기본 방향이 분명하지 않으면 백성의 마음은 쉽게 흔들리고, 명분을 바로잡지 않으면 좋은 정치는 세워지기 어렵습니다. 간신들을 제거해 나라의 기운을 보존하지 않는다면, 군자는 믿을 데가 없어 충성을 다하지 못하고, 소인은 틈을 보아 계속 악행을 이어갈 것이니 나라가 어떻게 되겠습니까? 만일 '이미 정해진 일은 고칠 수 없다'며 그대로 두는 것을 효라 한다면, 옛날 주나라 무왕은 아버지 문왕이 은나라를 섬기던 전통을 따르지 않고, 은나라의 폭군 주왕을 무너뜨렸습니다. 이것도 아버지를 거역한 것입니까?"

이에 손님은 두 번 절하며 말했다.

"훌륭하도다, 그대의 말이여! 만약 그대의 말이 실행된다면 우리나라가 앞으로 세상을 태평하게 다스린 옛 성군들의 성대한 정치를 다시 볼 수 있을 것이다."

주인은 돌아와 이 말을 기록하였다.

동호문답은 이렇게 끝이 난다. 율곡 이이는 마지막 「논정명위치도지본」에서 정치의 근본은 '명분을 바로 세우는 것'이라고 강조했다. 그러나 대화를 읽다 보면 이 내용이 명분을 바로 세우는 것과 무슨 연관이 있을까 생각하게 된다. 하지만 당시 조선은 충신이 역적으로 몰려 죽고, 간신이 오히려 공신으로 기록되는 혼란이 있었다. 율곡은 백성을 편안하게 하고 인재를 기르는 것도 중요하지만, 이렇게 명분이 무너지면 말이 뒤

틀리고 결국 정치가 무너질 수밖에 없다고 본 것이다. 즉, 충신은 충신답게, 간신은 간신답게 기록하고 정당한 자리에 두는 것처럼 명분을 바로 세워야 나라가 바로 선다는 것이다. 그러나 아쉽게도, 이런 명분을 바로 세우지 못함은 오늘날에도 이어지고 있다. 회사에서 능력 없는 사람이 실세로 군림하거나, 죄지은 사람이 하나를 잘하면 영웅처럼 칭송받는 것처럼 말이다. 이렇게 세상이 대의를 위해 소수를 희생하게 둔다면, 조직과 사회는 흔들릴 수밖에 없고 사람들은 그 어느 것도 믿을 수 없게 되어 혼란에 빠지게 된다. 그래서 정치든 조직이든 올바른 역할과 책임을 바로 세우는 것이 가장 중요하다. 명분이 바로 서야 질서가 세워지고, 질서가 세워져야 비로소 백성이 안정을 얻을 수 있다. 작은 불의도 '옳지 않다'고 분명히 짚고, 작은 공로도 '가치 있다'고 인정하는 것이 사람들의 마음을 사고 신뢰를 만들어 주는 확실한 방법이다. 옳고 타당한 것들이 세상에서 인정되지 않는다면 그 사회는 돌이킬 수 없게 된다. 그러니 부디, 악한 것을 칭송하기보다 선하고 타당한 것에 손을 들어주길 바란다. 지도자는 물론 우리가 모두 각자의 역할을 바로 지키고 책임을 다할 때, 정의롭고 건강한 공동체가 유지될 수 있다. 뜻이 바르게 서는 곳에 정의가 빗발치고 진리가 드러나게 만들어야 한다. 그리고 곧 그것이 바른 정치이자, 바른 사회의 기초가 될 것이다.

**"나라의 큰 도리는 무엇보다
먼저 명분을 바로잡는 데 있다."**

군자는 의를 좇아 살고,
소인은 이익을 좇아 산다.
의가 바로 서면 만사가 저절로 바르게 된다.

「동호문답」

옳음을 좇는 자는 비록 가난해도 기뻐하고,
그름을 좇는 자는 비록 부유해도 근심한다.

「동호문답」

마음을 곧게 세운 자,
운명조차 그대를 따르리라

ⓒ이근오

초판 1쇄 인쇄 2025년 9월 5일

엮은이 이근오
디자인 김지혜
마케팅 정호윤, 김민지
펴낸곳 모티브
이메일 motive@billionairecorp.com

ISBN 979-11-94600-61-9 (03150)

파본은 구입하신 서점에서 교환해 드립니다.
이 책은 저작권법에 의해 보호를 받는 저작물이기에 무단 전재와 복제를 금합니다.